복 있는 사람

오직 여호와의 율법을 즐거워하여 그 율법을 주야로 묵상하는 자로다.
저는 시냇가에 심은 나무가 시절을 좇아 과실을 맺으며 그 잎사귀가 마르지 아니함 같으니
그 행사가 다 형통하리로다. (시편 1:2-3)

설교는 유한한 세상을 사는 피조물들에게 하나님의 영원한 말씀을 선포하는 중요한 일로서 그 성패의 영향이 영원한 세계까지 미치게 됩니다. 지상에서 가장 영광스러운 부르심이지만 동시에 가장 힘든 부르심이기도 합니다. 그런 점에서 모든 설교자는 자신의 설교를 향상시키기 위해 노력해야 합니다. 이 책은 107개 항목에 걸친 『웨스트민스터 소요리문답』의 풍성한 진리를 43개 항목으로 줄여서 설교자의 필요와 설교의 우선성을 탐구하기 위해 재작성된 것입니다. 곁에 두고 자주 음미하며 읽어 설교자들이 많은 유익을 얻게 되기를 바랄 뿐 아니라, 성경을 읽는 평신도들이 더욱 성경을 사랑하는 귀한 일들이 풍성하게 있기를 기대하며 즐겁게 추천합니다.

화종부, 남서울교회 담임목사

『설교자의 요리문답』은 설교자에게 좋은 성찰의 거울이 되는 책입니다. 성경적 설교의 대원칙은 설교자 먼저 적용하는 것입니다. 주의 말씀을 청중에게 적용하기 전에 설교자 자신에게 적용할 때 비로소 진실하고 힘 있는 메시지가 가능합니다. 이 책은 그 원칙을 문자 그대로 실천합니다. 특히 설교자의 삶 가운데서도 가장 중심에 있는 설교 작업에 주의 말씀을 적용합니다. 요리문답 형식으로 기술되어 아주 선명하게 핵심을 짚어 냅니다. 예리하기까지 해서 설교자의 폐부를 찌릅니다. 먼저 읽은 감동에 기초하여 동시대를 살아가는 모든 설교자에게 일독을 권합니다.

채경락, 샘물교회 담임목사

따뜻하고 실제적이며 경건한 이 책에 붙일 만한 또 다른 제목은 『설교자의 위로』다. 앨런은 지쳐 있는 많은 설교자들의 영혼을 어루만지고 힘을 북돋워 주는 가운데 그들의 머릿속으로 들어가 예수 그리스도를 가리킨다.

조엘 비키, 퓨리턴 리폼드 신학교 총장, 조직신학 · 설교학 교수

우리 시대는 기교에 집착한다. 그러나 아름답게 가공되어 설교자가 그리스도보다 더 큰 칭송을 받는 설교는 사실상 가장 추한 설교다. 『웨스트민스터 소요리문답』의 지혜를 차용한 『설교자의 요리문답』은 진정 중요한 문제로 되돌아가도록 이끌어 준다. 그러나 분명히 알라. 결과는 아주 실제적이다. 이 책은 입문서로 읽어도 좋고, 새로운 통찰이나 영감을 얻기 위해 조금씩 읽어 나가도 좋다. 읽는 내내 설교를 위한 정보와 도전과 격려를 풍성히 얻을 것이다.

팀 체스터, 노스요크셔 보로우브리지 그레이스 교회 목사

『설교자의 요리문답』은 앨런의 진정이 담긴 책으로서, 여러 기복을 겪으며 설교 사역을 해온 저자의 경험이 솔직하게 반영되어 있다. 그는 신선하고 매력적인 문체로 독자의 사고를 촉발한다. 우리가 이 책에서 알게 되는 바는 설교자야말로 "중량을 들어 올리는 자"이기에 "월요일의 복음"이 필요하다는 것이다. 이 책은 천천히 음미하며 읽을 가치가 있다. 설교자로서 기쁘게 순종할 마음을 키워 줄 뿐 아니라 육신적인 활동으로 설교하는 것이 얼마나 추한 일인지 폭로한다. 매번 조금씩 읽으며 숙고하라. 교만과 낙담의 치료책이 될 조언을 발견하라. 주님이 이 책을 사용하여 우리 가운데 교만한 자는 낮추시고 겸손한 자는 높이시길 구한다.

개리 윌리엄스, 런던신학교 목회자 아카데미 디렉터

이 책은 다른 책들과 완전히 구별된다. 설교의 기술이나 기교가 아닌 설교자 자신에게 초점을 맞추고 있기에 훨씬 더 유익하다. 우리는 너무 오랫동안 방법론에 집중하느라 사람을 놓쳐 왔다. 창의적이고 풍성한 내용을 담고 있는 앨런의 책은 익숙한 구성 양식에 신선한 통찰을 결합시킴으로써 균형을 바로잡는 데 큰 도움을 준다. 하나님의 말씀을 전하는 모든 설교자는 시간을 들여 이 책을 읽어야 한다. 그 교훈을 뼛속 깊이 새긴다면 분명 큰 유익을 얻을 것이다.

에이드리언 레이놀즈, FIEC Fellowship of Independent Evangelical Churches 트레이닝 디렉터

우리는 신자나 불신자나 모두 설교를 어리석게 여기는 고린도와 같은 사회에 살고 있다. 그 설교조차 쉬운 일로 간주하는 속전속결 사회에 살고 있기도 하다. 루이스 앨런의 독창적인 이 책은 두 관점 모두에 해독제 역할을 한다. 통찰력 있고 현실적이며 성경적인 책일 뿐 아니라 명쾌하고 현대적인 책이다. 나는 이 책을 사서 내가 교육하는 설교자들과 함께 사용할 생각이다!

데이비드 로버트슨, 스코틀랜드 던디 세인트 피터 자유 교회 목사

설교는 영혼의 일로서, 경건한 설교자의 영혼은 세상과 육신과 마귀의 지속적인 공격을 받게 되어 있다. 10년의 사역 기간을 통틀어 루이스 앨런의 『설교자의 요리문답』만큼 내 영혼에 깨우침과 도전을 준 책은 없었다. 이 책은 『웨스트민스터 소요리문답』의 풍성한 신학을 설교자의 영혼 및 실천과 관련된 모든 영역에 창조적이면서도 구체적으로 적용해 놓았다. 앞으로도 오랫동안 계속해서 내 목회를 지켜 주며 양분을 공급해 줄 것이다. 나는 이 책을 읽고 또 읽을 것이다.

앤디 데이비스, 노스캐롤라이나 더럼 제일 침례 교회 수석목사

많은 현대 설교의 약점은, 일차적으로 주해 기술이나 전달 기술이 부족한 데서 비롯되는 것이 아니라 설교자의 동기가 잘못되거나 영적 준비가 부족한 데서 비롯된다. 루이스 앨런의 새 책은 설교자 자신이 과연 하나님을 충실하게 나타내고 영화롭게 하려는 열망으로 기도하며, 그분의 백성을 향한 사랑으로 말씀을 선포하는지 확인할 것을 요구한다. 저자는 43개의 짧은 장들을 통해 『웨스트민스터 소요리문답』의 핵심 가르침을 특히 설교자들에게 명쾌하고도 통찰력 있게 적용한다. 이 책을 읽는 설교자는 겸손해질 뿐 아니라 큰 자극과 도전을 받을 것이다. 설교라는 영광스러운 임무를 감당할 채비를 갖출 것이며, 이 일을 할 때 하나님의 충족성과 말씀의 능력을 깊이 신뢰하도록 격려받을 것이다. 이 책은 설교자 개인을 위해—아마도 매일의 묵상 자료로 사용하도록—구성되었지만, 설교의 질을 높이고자 하는 설교자 모임이나 목회자 단체 및 간사 모임에서 사용하기에도 적합하다.

존 스티븐스, FIEC 내셔널 디렉터

설교자는 종종 요리문답을 열심히 가르치면서도 자기 자신이 배워야 한다는 생각은 거의 하지 않는다. 설교자 자신부터 배우도록 도와주는 훌륭한 자료로서 이 책을 강력하게 추천한다. 나도 우리 설교팀과 함께 이 책을 사용할 것이다.

로빈 위크스, 윔블던 이매뉴얼 교회 목사

설교자의 요리문답

The Preacher's Catechism
Lewis Allen

설교자의
요리문답

루이스 앨런 지음

정상윤 옮김

복 있는 사람

설교자의 요리문답

2020년 2월 14일 초판 1쇄 인쇄
2020년 2월 21일 초판 1쇄 발행

지은이 루이스 앨런
옮긴이 정상윤
펴낸이 박종현

도서출판 복 있는 사람
주소 서울특별시 마포구 연남동 246-21(성미산로23길 26-6)
전화 02-723-7183(편집), 7734(영업·마케팅)
팩스 02-723-7184
이메일 hismessage@naver.com
등록 1998년 1월 19일 제1-2280호

ISBN 978-89-6360-341-4 03230

이 도서의 국립중앙도서관 출판예정도서목록(CIP)은
서지정보유통지원시스템 홈페이지(http://seoji.nl.go.kr)와 국가자료공동목록시스템
(http://www.nl.go.kr/kolisnet)에서 이용하실 수 있습니다. (CIP 제어번호: 2020005546)

The Preacher's Catechism
by Lewis Allen

사라에게

〖차례〗

머리말

제목에 이끌려 『설교자의 요리문답』을 집어든 목사는 아마도 처음에 이런 반응을 보일 것이다. "설교자한테 과연 요리문답이 필요할까? 난 아이들한테나 필요한 줄 알았는데. 그것도 옛날에 말이지!" 그러나 그 반응은 금세 이렇게 바뀔 것이다. "정말 대단한 발상인데! 난 왜 이런 생각을 못했을까?" 독자는 이 책에서 교훈을 얻을 뿐 아니라 목회의 여정을 함께할 일종의 여행 동반자—아이처럼 기초적인 질문을 계속 던지며 지혜로운 친구처럼 성경적인 대답을 일러 줄 동반자, 그럼으로써 복음 설교자가 되는 일의 의미를 되돌아보도록 격려해 줄 동반자—를 만날 것이다.

요리문답을 작성하는 것은 만만한 일이 아니다(한번 해보라. 생각보다 훨씬 더 어려울 것이다). 대체 어디에서부터 시작해야 할까? 하나님? 성경? 인간의 곤경? 또한 어떻게 질문에 대답함으로써 다음 질문과 논리적으로 연결시켜야 할까? 중대한 요리문답들의 한 가지 놀라운 효과는 생각하는 법을 가르치는 것인데, 성경적이고 신학적인 논리를 워낙 잘 표현해 놓았기 때문에 그렇다. 이 점은 요리문답을 사용했던 기독교 공동체가 종종 아주 많은 삶의 영역에 놀랍게 기여하는 인물들을 배출해 온 이유를 일부 설명해 준다.

내가 이 말을 하는 것은 과도한 정보에 시달리는 현대 세계에서 멈추어 생각하는 법을 배워야 할 필요성, 성경의 제1원리들을 통해 상황을 파악할 줄 아는 능력을 갖추어야 할 지대한 필요성이 우리에게—목회자를 포함한 우리 모두에게(아마도 목회자에게는 특히 더)—있기 때문이다. 그 방면에서 루이스 앨런의 『설교자의 요리문답』이 우리 모든 설교자들에게 실제적인 도움과 격려가 되길 바란다. 이 책은 우리 스스로 던졌어야 할 질문들을 던져 준다. 우리가 진작 이런 질문들에 대해 생각해 보았더라면!

루이스 앨런은 영국에 비해 북미 독자들에게 덜 알려진 저자일 수 있다. 그는 케임브리지 대학에서 고전학과 신학을 공부했고 웨스트 런던에 있는 거너스베리 침례 교회에서 12년간 사역했다. 그리고 2010년, 하나님께서 아내 사라와 함께 아주 다른 목회 영역으로 부르시는 것을 느끼고 요크셔 허더스필드로 옮겨 처치 플랜터church planter가 되었다. 그는 수년에 걸쳐 특히 잉글랜드에 널리 알려진 여러 '복음 동역' 사역들을 이끄는 일에 깊이 관여했다. 그 덕분에 목회 사역과 사역자들에 대한 다양하고도 폭넓은 경험과 예리한 지성, 전염성 강한 열정이 이 책 면면에 담기게 되었다. 무엇보다 자기 자신이 다른 이들에게서—현재의 설교자들에게서는 사적인 대화를 통해, 과거의 설교자들에게서는 책을 통해—도움을 받았기에 자신 또한 다른 이들을 돕고자 하는 열망으로 이 책을 썼다.

『설교자의 요리문답』은 단순히 앉은 자리에서 속독할―그 또한 가치는 있지만― 책이 아니다. 오히려 마음을 새롭게 하고 힘을 얻으며 도전과 교훈을 받고 자신을 바로잡기 위해, 주를 위해 더 잘 일하고 계속 일할 수 있도록 격려받기 위해, 사역 내내 찾아 읽고 또 찾아 읽어야 할 책이다. 바울이 디모데에게 한 말보다 더 설교자에게 도전이 되는 구절은 거의 없는 것이 확실하다. "이 모든 일에 전심전력하여 **너의 성숙함을 모든 사람에게 나타나게 하라**"(딤전 4:15). 『설교자의 요리문답』은 바로 이 일을 도와준다.

몇 년 전 BBC에서 의학에 이바지한 공로로 여왕의 훈장을 받은 뛰어난 미생물학자를 다룬 다큐멘터리를 보았다. 그 여성 학자는 특정 바이러스의 돌연변이에 대한 연구에 헌신했고, 그 연구 덕분에 수술이 불가능해 몇 주밖에 살 수 없는 환자들에게 실험적인 주사 요법을 시행해도 좋다는 영국 정부의 승인을 받아 냈다. 그 결과는 놀라웠고, 몇몇 경우에는 거의 기적에 가까운 일이 일어났다. 그는 내 오랜 친구이자 내가 섬기는 회중의 일원이기도 하다. 나는 그 다큐멘터리에 대해 치하하면서, 그토록 유익한 성취가 가능한 일에 종사하니 얼마나 좋겠느냐고 했다. 그러자 그의 우선순위를 확연히 보여주는 대답이 돌아왔다. "제가 하는 일은 사실 그렇게 중요한 게 아니에요. **목사님이 하는 일이 정말 중요하지요.**"

과연 설교가 생명을 연장하는 의학적 공헌보다 더 중요할까?
내 친구는 그렇게 생각했다. 나도 그렇게 생각해야 마땅하다. 당
신도 마찬가지다.『설교자의 요리문답』이 이 시각을 지지해 주고
새롭게 해주길, 필요하다면 이 시각을 되찾아 주길 소망하고 기
도한다.

싱클레어 퍼거슨

이 책을 시작하며

『설교자의 요리문답』은 바쁜 설교자—젊은 설교자나 노련한 설교자, 열정이 넘치는 설교자나 냉소와 싸우는 설교자, 전임 설교자나 파트타임 설교자—를 위한 책이다. 설교는 유한한 시간 속에 살고 있는 영원한 피조물에게 하나님의 영원한 말씀을 선포하는 진지한 일로서, 그 성패의 영향이 영원한 세계까지 미치게 되어 있다. 우리는 지상에서 가장 영광스러운 부르심, 그러나 아마도 가장 힘든 부르심을 받은 자들이다. 설교는 진실로 중요하다.

모든 설교자는 자신의 설교를 향상시킬 필요가 있다. 성경 본문 주해에 힘써야 하며, 실제적이면서도 유익하게 가르치겠다는 목표를 가져야 한다. 사람들이 그리스도를 믿고 기뻐하도록 모든 성경을 통해 그분을 제시하는 법을 배워야 한다. 메시지가 잘 전달되도록 단어와 실례의 선택에도 노력을 기울여야 한다. 계속 배우지 않는 설교자는 결국 똑같은 방식으로 똑같은 말을 하게 된다. 예측 가능한 설교는 누구에게도 축복이 되지 못한다.

당신은 설교를 향상시키는 데 필요한 이 모든 일을 하나님의 은혜로 배울 수 있다. 그러나 도구를 다 갖추었다고 해서 하나님의 마음에 맞는 설교자, 진정 듣는 이들을 섬기는 설교자가 되는 것은 아니다. 우리의 부르심에는 기량도 반드시 필요하지만, 하나님과 그분의 복음에 사로잡힌 마음과 정신이 더욱 필요하다. 그분을 알고 즐거워할 때, 실제로 설교를 통해 영구한 유산을 함께 받게 된다. 또한 내가 전하는 하나님이 살아 계심을 사람들이 알게 된다. 이 책은 그 준비를 더 갖추게 하기 위한 시도다.

세 가지 기본 확신

우리 일은 세 가지 확신에 기초하고 있는데, 각 장에서 자세히 살피기 전에 먼저 간단하게 탐구해 보겠다. 첫째는, 설교가 하나님의 경륜 전체를 선포하는 열매 많고 기쁜 삶을 위한 사명이라는 확신이다. 둘째는, 설교의 일과 자기 내면의 삶을 더 잘 숙지할 때 이 사명을 가장 잘 수행할 수 있다는 확신이다. 셋째는, 『웨스트민스터 소요리문답』에서 즉각적인 도움을 얻을 수 있다는 확신이다. 이 모든 내용을 종합한 것이 『설교자의 요리문답』이다.

확신 1. 교회에는 버티며 성장하는 설교자가 필요하다.

우리는 단기적인 세상에 살고 있다. 현대의 직장은 조부모 때와 같은 평생 일자리는 고사하고 어떤 일자리도 보장해 주지 않는다. 우리는 늘 옮겨 다니며, 대부분 다음에 할 일을 찾는다. 해마다 변함없이 같은 자리에서 설교하길 고집하는 것은 옛날 사람들 내지는 위험을 회피하는 자들이나 받아들일 약간은 별스러운 일로 보인다. 그러나 우리는 바로 이 일로 부르심을 받았다. 버텨야 하며, 더 나아가 성장해야 한다.

사역이 지루해지거나 힘들어질 때 자리를 옮기고 싶은 충동을 비롯해 마음속에 일어나는 갈등을 극복하는 법을 배워야 한다. 어떻게 하면 주님이 맡기신 회중과 임무에 계속 충실할 수 있는지 최우선적으로 알아볼 필요가 있다.

열매 많은 사역은 만족하는 설교자의 마음에서 나온다. 생활 환경(이를테면 교회나 월급이나 동료들의 인정, 일과 생활의 균형)이 제대로 갖추어져야 한다는 말이 아니다. 오히려 오랜 세월 반대와 스트레스가 가득한 실로 비참한 환경에서 가장 영향력 있는 사역을 하는 이들이 있다. 아주 많은 설교자들이 복음의 하나님께 마음속 깊이 만족함으로 굳게 서서 견디며 열매를 맺었다.

우리도 알지 않는가? 예수가 우리의 전부가 되셔야 한다. 우리도 성공이나 인정이나 위로가 아닌 예수야말로 제자도의 모든 것이라고 설교하지 않는가? 우리는 당연히 이렇게 설교한다. 그러나 설교에서 실패를 겪을 때뿐 아니라 기쁨을 맛볼 때도 이 진리를 놓치기가 아주 쉽다. 모든 설교자는 인생의 고투 속에 씨름한다. 그럼에도 우리는 해를 거듭할수록 그리스도 안에서 점점 더 큰 기쁨을 발견하도록 부름받았다. 기쁨을 잃은 메마른 설교자는 교회에 짐이 될 뿐이다. 예수와 생생한 관계를 맺고 있기에 늘 새롭게 설교단에 서는 설교자는 교회에 큰 복이 된다. 이 요리문답은 예수가 과연 우리 삶과 사역의 중심에 계신지 확인하도록 돕고자 한다.

확신 2. 설교자는 설교가 어떻게 작용하며 자기 영혼이 어떻게 작용하는지 이해해야 한다.

설교자의 일은 지독히 어렵다. 사탄은 하나님의 모든 종을―아마도 설교자를 가장―미워한다. 그는 하나님의 말씀 전하는 자를 늘 공격해 왔다. 여러 표지들을 볼 때, 에덴동산에서 하나님의 말씀을 듣고 세상에 전할 책임을 맡았던 아담과 하와를 처음 공격한 이래 공격을 포기한 적이 없었음을 알 수 있다. 그 교묘한 공격 중에서도 두드러진 유혹이 두 가지 있다. 바로 설교의 위엄 및 능력을 과소평가하게 만들려는 것과 자기 영혼의 깊은 필요를 간과하게 만들려는 것이다.

누구보다 설교자가 자기 부르심을 과소평가하는 모습을 보면 놀라울 것이다. 그러나 그럴 만한 이유가 있다. 우리는 설교에 많은 노력을 쏟아 붓지만 그토록 수고하고 기도하며 소망하는 보상, 즉 청중의 삶이 근본적으로 변화되는 보상을 받지 못한다. 우리의 설교는 실망스럽고, 과녁을 맞추지 못하며, 간혹 성과를 낸다 해도 그리 변변치 못하다. 그리스도인들은 거의 변하지 않는 듯하고 불신자들도 회심하지 않는다. 우리는 기도하며 설교하고 또 설교하고 또 설교하면서 초조히 열매를 기다린다. 그런데 아무 일도 일어나지 않는 것 같다. 그때 낙담과 씨름하지 않을 설교자, 자신의 모든 설교가 과연 가치 있는 것인지 의심치 않을 설교자가 있겠는가? 낙담한 설교자를 사랑하는 마귀는 항상 우리에게 지옥의 조준선을 맞추고 있다.

그렇기에 온 힘을 다해 꿋꿋하게 나아가야 하는 것이다. 하나님은 사역의 힘든 계절을 영광스럽게 사용하여 우리를 강하게 만드신다. 그러나 또 다른 힘인 낙담의 세력 또한 작용한다. 보이지 않는 해류처럼 노심초사하는 생각의 저변에서 영적인 기쁨과 확신을 침식시킨다. 존 버니언John Bunyan은 일찍이 마귀가 자신에게 말하는 것을 감지했다. 사탄은 청년의 열심을 크게 환영했고 전혀 겁내지 않았다. 사탄의 계획은 느리지만 확실하게, "점진적으로" 그를 냉랭하게 만드는 것이었다. 아무리 열정적인 청년이라도 결국 냉랭하고 냉소적이며 자기 방어적인 모습으로 인생을 마친다면 유혹자는 만족할 것이었다. "지금 아무리 뜨겁게 타올라도 내가 이 불에서 널 끌어내기만 하면 금세 냉랭해질걸."◈ 오늘날 하나님의 종들에게는 다른 전략을 쓸까? 그렇지 않다. 이것은 아주 잘 먹히는 전략이다. 효과적인 사역을 하려면 이 점을 인식해야 한다.

아무리 급한 시대라도 영적인 일은—하늘의 일이든 지옥의

◈ John Bunyan, *Grace Abounding to the Chief of Sinners*, in *The Works of John Bunyan*, vol. 1, *Experimental, Doctrinal and Practical*, ed. George Offor(Edinburgh: Banner of Truth, 1991), p.19. 『죄인의 괴수에게 넘치는 은혜』, 고성대 옮김(파주: 크리스천다이제스트, 2016).

일이든—거의 다 서서히 이루어진다는 사실을 기억할 필요가 있다. 변화에는 시간이 필요하다. 설교는 효과가 있지만, 그 효과는 서서히 나타날 때가 많다. 열매를 보기까지 하나님의 일을 계속해 나가겠다는 다짐을 확실히 해둘 필요가 있다. 기꺼이 꿋꿋하게 나아가야 한다.

자기 영혼을 양육하는 법을 배울 때만 이처럼 설교 사역을 계속해 나갈 수 있다. 아무리 강한 설교자도 연약한 인간에 불과하다. 은혜를 설교하는 것만으로는 충분치 못하다. 자기 자신이 은혜를 받아야 한다. 자기 영혼을 알아야 청중도 돌볼 수 있다. 우리의 일차적 부르심은 남들에게 설교하는 것이 아니다. 다른 모든 그리스도인들처럼 설교자도 자기 자신에게 설교해야 한다. 이 일을 잘 하려면, 말씀을 섬기는 영역에도 예외 없이 도사리고 있는 위험들을 알아볼 수 있어야 한다. 우리 일에도 탈진하거나 우쭐해지거나 혼자만 영적으로 성장하거나 교만해지거나 절망하는 온갖 위험이 도사리고 있다. 이런 위험들을 어떻게 알아볼 것인가? 어떻게 대처할 것인가? 우리는 이에 대해 살펴볼 것이다.

확신 3. 『웨스트민스터 소요리문답』은 모든 설교자의 마음의 필요를 다루기에
아주 좋은 자료다.

요리문답의 역사는 기독교 역사에 버금간다. 초기의 요리문답은 (이 말은 '가르침'을 뜻하는 그리스어에서 나왔다) 어린아이들이나 새로운 회심자들에게 가르칠 성경의 진리를 집대성한 것이었다.

이 책을 시작하며

그것이 일련의 문답 형태로 발전하면서 사람들이 자주 큰 소리로 암송하며 암기하기에 이르렀다. 종교개혁이 일어날 무렵 많은 요리문답들이 작성되었는데, 그중 상당수가 오늘날까지 전 세계에서 사용되고 있는 것은 기억하기 쉬운 명료한 언어로 복음의 핵심 가르침을 담아 놓은 덕분이다.

요리문답은 기독교 진리를 접하고 그 진리를 숙고하도록 돕는 탁월한 방법이다. 간결하고도 함축적인 질문과 대답이 정신에 박히고 마음에 스며든다. 그렇게 신자 속에 뿌리를 내림으로써 시간이 지날수록 그 의미를 더 깊이 음미하게 할 수 있다. 말이 넘쳐나는 세상에서 유서 깊은 요리문답들을 찾아내거나 직접 작성하여 복음 메시지를 향유하고 전수하려는 교회들이 늘고 있는 것은 흥미로운 현상이다.

『웨스트민스터 소요리문답』은(물론 『대요리문답』도 있다) 1647년에 출판되었다. 백여 명의 목사와 교육자들이 대영제국 국교회에 이바지하기를 소망하며 수차례 런던에 모여 연구하고 논의한 끝에, 교리적 진술과 교회 정치에 관한 지침의 틀을 잡았다. 10년의 회합이 거둔 성과는 광범위했다. '웨스트민스터 회의'로 총칭되는 모임들을 통해 하나의 신앙고백과 두 개의 요리문답, 공예배와 교회 정치 관련 문서들이 작성되었다. 그리고 영어권에 속한 거의 모든 장로교회의 표준 문서로 자리 잡았다. 오늘날 대부분의 교회가 『소요리문답』을 사용한다는 것은 논쟁의 여지 없는 사실이다.

『웨스트민스터 소요리문답』은 전 교회의 필요를 채우기 위해 작성되었다. 그리고 수백 년간 어린아이와 성인들에게 복음의 신앙을 가르치는 데 사용되어 왔다. 우리 설교자들은 어떨까? 우리도 제자로서, 특별히 하나님의 말씀을 설교하도록 부름받은 제자로서 요리문답을 통해 많은 것을 배워야 한다.

설교자를 위한 요리문답

『설교자의 요리문답』은 『웨스트민스터 소요리문답』의 전체 구조와 문답 형식을 빌려 왔다. 그러나 중요한 차이도 있다. 107개에 이르는 『웨스트민스터 소요리문답』의 질문을 43개로 줄였고, 설교자의 필요와 설교의 우선성을 탐구하기 위해 모든 문답을 다시 작성했다. 그리하여 고귀한 선조에게 큰 빛을 지고 있음에도 불구하고 완전히 새로운 요리문답이 만들어졌다.

이 요리문답은 설교자를 위한 것이다. 나는 이른바 전임 말씀 사역자를 대상으로 삼았다. 그러면서도 이제 막 사역을 시작한 사람이나 부르심을 검토하는 사람, 신학생, 설교의 은사는 있으나 목회의 부르심은 받지 않은 사람을 비롯한 전 범위의 설교자를 포괄하고자 했다. 이 책의 초점은 주일 설교단 사역에 맞추어져 있다. 물론 설교에는 여러 형태가 있으며, 이 요리문답은 다양한 본문의 말씀을 다루는 모든 사람을 위한 것이다. 당신이 일종의 공식석상에서 다른 이들에게 메시지를 전하려는 목적으로 성경을 집어 들었다면, 이 책은 바로 당신을 위한 것이다. 우리는 이 책에서 하나님의 말씀 설교자가 되는 일을 어떻게 바라보고 생각해야 하는지 탐구하는 시간을 가질 것이다.

내가 설교한 기간은 그리스도인으로 살아온 기간과 거의 맞먹는다. 초반에는 기억 속에 영원히 새겨진 큰 실패를 몇 차례 겪기도 했다. 적어도 50편에 이르는 초기 설교들은 "예리하나 갈피를 잡지 못했다"라고 평해야 할 것이다. 그럼에도 청중은 용서하는 은혜를 베풀었고 실제로 누구도 설교를 중단시키지 않았기에 나는 멈추지 않고 계속 설교해 왔다. 20대 중반에 부르심을 받고 런던에서 목회한 12년 6개월은 아주 행복한 기간이었다. 후에 주님은 그 행복한 공동체를 떠나 문화가 다른 웨스트요크셔 허더즈필드로 가도록 명확하게 부르심으로써 나와 가족과 교회를 놀라게 하셨고, 나는 2010년 맨땅에서 시작하여 후에 호프 교회가 될 곳을 세우게 되었다. 그 기간 내내 사역의 중심과 그 사역으로 인해 바뀐 삶의 핵심부에는 항상 하나님의 말씀을 설교하는 일이 있었다.

사역에서 얻는 한 가지 깊은 기쁨은 동료 설교자들과 함께 일하는 것이다. 내가 기쁜 마음으로 설교를 경청하는 세 친구가 작업 후반부에 이 책을 읽어 주었다. 싱클레어 퍼거슨, 로빈 위크스, 개리 윌리엄스가 각각 시간을 내서 각 장을 읽고 아주 예리한 논평을 해주었다. 그들의 현명한 머리와 관대한 가슴에 큰 감사를 돌려야 마땅하다. 톰 노타로와 크로스웨이 출판사 팀 전체에도 깊이 감사드린다. 이 책에 기울인 그들의 열정과 노고는 내게 큰 격려가 되었다.

가족들은 많은 희생을 감수하면서 하나님의 말씀을 선포하는 나의 부르심을 지지해 주었다. 아내 사라와 다섯 자녀에게 크게 감사한다. 다섯 자녀는 좋은 설교와 나쁜 설교를 확실히 구분할 줄 알며 진정한 양식이 되는 설교 듣길 고대한다. 날 위한 사라의 기도와 사랑은 변함없는 격려가 되기에, 이 책에 사랑을 담아 아내에게 바친다.

제1부.

하나님의 영광과 설교의 위대함

OI. 무엇보다 먼저 설교해야 할 것

문. 설교에서 하나님의 제일가는 목적은 무엇입니까?

답. 설교에서 하나님의 제일가는 목적은 그분의 이름을 영화
롭게 하는 것입니다.

❖

> 여호와께서 그의 앞으로 지나시며 선포하시되 "여호와라, 여호와라, 자비롭
> 고 은혜롭고 노하기를 더디하고 인자와 진실이 많은 하나님이라."
>
> 출 34:6

설교의 부르심을 받은 우리에게 가장 먼저 필요한 일은 하나님
이 사랑이심을 아는 것이다(요일 4:8). 살아 계신 하나님, 자신의
피조물을 다함없이 사랑하시는 하나님이 계신다는 것이야말로
교회가 죽어가는 세상에 전해야 할 중대한 소식이다. 하나님보
다 앞세워 사랑하고 섬길 대상이 어디 있겠는가?

이 확신이 없는 설교는 말라 죽을 것이며, 설교자도 곧 같은
신세가 될 것이다. 이 확신이 있어야 믿을 수 있고 모든 일을 할
수 있다. 교회가 전할 다른 메시지, 더 좋은 메시지는 없다. 이것

하나님의 영광과 설교의 위대함

이야말로 교회의 중대한 선언이다.

"하나님은 사랑이시다"라는 말과 "하나님은 사랑하신다"나 "하나님은 사랑을 나타내신다"라는 말은—물론 두 말 모두 진실임에도—사실상 동의어가 아니다. 사랑하신다고 하면, 자신의 결정에 따라 어떤 때는 사랑하고 다른 때는 사랑하지 않는 하나님이 될 수 있다. 사랑을 나타내신다고 할 때도 마찬가지다. 사도 요한은 그런 뜻으로 이렇게 말한 것이 아니다. 그가 요한일서 4:8에서 한 말은 그보다 훨씬 더 크고 가슴 설레는 것이다. 하나님이 사랑하시며 사랑을 나타내시는 것은 **그 자신이** 사랑이시기 때문이다. 사랑은 하나님의 본질이다. 열렬한 사랑, 집어삼키는 사랑, 즐거운 사랑이신 하나님 자신이 실재하는 만물의 원천이시다. 하나님은 이런 분이시다.

그런데도 하나님의 사랑을 너무 많이 말한다고 할 수 있을까? 우리 모두 알듯이, 사람들은 하나님의 사랑을 다른 신성한 속성들의 대척점에 둠으로써 어떤 식으로든 다른 속성들을 상쇄하는 것처럼 만들어 버렸다. 사랑의 교리에 무수한 조건을 달아야만 자유주의 신학으로 빠지지 않는다고 생각하는 이들이 있는가 하면, "사랑이 이긴다"라고 주장하는 소리—사실상 사랑 외에 다른 속성들은 전부 패한다고 주장하는 것이나 다름없는 소리—도 있다. 마치 하나님의 사랑이 어떤 식으로든 공의나 거룩하심이나 주권에 승리하는 것처럼 전부 사랑에 복속시켜 버린다. 그러나 감사하게도 그 관점은 틀렸다. 하나님의 다른 속성들은 사랑에 정복당하거나 사랑을 짓뭉개지 않는다. 각 속성은 하나님 안에 최대치로 존재하면서 그분께 영광을 돌리고 우리에게는 유익을 끼친다. 하나님을 사랑하는 이로 삼으라. 다른 사람들이 무슨 거짓말을 하든 상관치 말라.

하나님의 각 속성이 일종의 갈등상태에 있는 것처럼 여기면 절대 안 된다. 예컨대 하나님을 너무 자비하거나 너무 거룩한 분으로 여기면 안 되는 것만큼이나 너무 주권적인 분으로 여기는 위험에 빠져서도 안 된다. 그것은 성경적인 사고가 아니다. 하나님은 거룩하시면서도 자비하시고, 주권적이시면서도 사랑하신다. 각 속성이 다 완전하고 온전하다. 모든 속성이 동시에 가장 충만히 나타난다. 한 속성을 탐구하며 설교할 때 굳이 다른 속성을 언급함으로써 균형을 맞추거나 보완할 필요가 전혀 없다. 설교는 이 모든 하나님의 모습을 선포하는 일이다.

하나님 자신이 설교자시다. 스스로 사랑하는 여호와라고 선포하신다. 명령을 통해 피조세계를 존재케 하셨고, 말씀으로 그 모든 세계를 붙드신다. 말씀으로 행성을 다스리시며 우리 양심에 이야기하신다. 성경이라는 책을 통해 자신이 어떤 분이시며 또 우리는 어떻게 살아야 하는지 보여주신다. 다시 말해서 설교하시는 것이다. 하나님은 언제나 설교하신다.

이처럼 많은 말씀을 하시지만, 세상을 향해 품고 계신 궁극적인 목적은 단 한 가지다. 우리 요리문답에 나오듯이 "설교에서 하나님의 제일가는 목적은 그분의 이름을 영화롭게 하는 것"이다. 그분은 사람들을 아들 예수 그리스도께로 이끌어 그 안에서 즐거움을 찾게 하신다. 그것은 곧 아버지의 즐거움이기도 하다. 그분은 아들에 대해 이렇게 말씀하신다.

> 내가 붙드는 나의 종,
> 내 마음에 기뻐하는 자, 곧 내가 택한 사람을 보라.
> 내가 나의 영을 그에게 주었은즉
> 그가 이방에 정의를 베풀리라(사 42:1).

그리스도가 세례를 받으셨을 때, 그리고 변형되셨을 때 이 말씀이 다시 울려 퍼졌다. "이는 내 사랑하는 아들이요 내 기뻐하는 자니 너희는 그의 말을 들으라"라는 음성이 하늘로부터 들려왔다(마 3:17, 17:5). "아버지의 무한한 행복은 아들을 즐거워하시는 데 있다"라고 조나단 에드워즈Jonathan Edwards는 말했다.◆ 구원받은 죄인으로서 우리의 무한한 행복 또한 하나님의 아들을 즐거워하는 데 있다. 예수를 즐거워하는 것은 하나님을 닮은 분명한 특징이자 하나님이 세상을 구속하신 목적이다. 아버지가 죄인을 구속하시는 목적은 아들을 즐거워하는 자로 만드시려는 데 있다.

우리 구원에는 성부·성자·성령의 사랑을 경험하는 일이 포함되어 있다. 겟세마네에서 체포되시기 전, 예수는 아버지께 이

◆ Steven M. Studebaker and Robert W. Caldwell III, *The Trinitarian Theology of Jonathan Edwards: Text, Context, and Application* (London: Routledge, 2012), p.27.

렇게 기도하셨다. "내가 아버지의 이름을 그들에게 알게 하였고 또 알게 하리니 이는 나를 사랑하신 사랑이 그들 안에 있고 나도 그들 안에 있게 하려 함이니이다"(요 17:26). 예수를 아는 것은 곧 아버지를 아는 것이다.

하나님은 삼위로 계신다. 삼위일체는 사랑이신 하나님에 관한 계시다. 삼위 하나님은 서로 사랑하신다. 각 위의 특징은 서로 즐거워하시고 높이시는 것이다. 외로움이나 부족함이 전혀 없는 위엄 있고 거룩하신 하나님은 삼위일체의 사랑이시다.

모든 진정한 사랑의 기본은 즐거워하고, 섬기고, 만족하며, 모든 것을 공유하는 데 있다. 우리도 이런 헌신과 만족을 갈망한다. 우리 마음은 이를 위해 창조되었다. 바로 이것이 사랑임을 우리는 안다. 아우구스티누스Aurelius Augustinus는 말했다. "사랑은 사랑하는 이를 즐거워하는 마음이다. 사랑의 심장박동은 타자를 즐거워하는 마음이다."◎

각 위의 "타자"는 다른 두 위다. 우리 구원에는 이 영원한 사랑의 삶으로 인도하시는 삼위 하나님의 사랑의 지원이 포함되어 있다. 기독교의 제자도와 사역은 곧 예수 안에서 사는 삶이다. 마이클 리브스Michael Reeves는 말한다.

◎ John Owen, *The Works of John Owen*, ed. William H. Goold, vol. 2, *On Communion with God*(Edinburgh: Banner of Truth, 1968), 25n에서 인용(라틴어를 번역함). 『교제』, 김귀탁 옮김(서울: 복 있는 사람, 2016).

　　　　　　　　　　　하나님의 영광과 설교의 위대함

그분 안에서 우리는 성부의 기쁨을 함께 누릴 뿐 아니라 그리스도 께서 성부와 더불어 누리시는 생명에 참여한다. 그리스도 안에서 우리는 성부 앞에서 그분께서 누리셨던 흠 없는 확신을 가지고 선 다. 이와 더불어 성령께서는 우리가 양자의 삶을 살도록 이끄신다. 그리스도께서 우리를 대신해 살고 죽으신 것은 우리 역시 그리스도 와 더불어 살고 죽도록 하기 위함이다.◈

당신의 심장에서 박동하는 것은 무엇인가? 당신은 설교하는 일 을 사랑하는가, 설교하는 그분을 사랑하는가? 정신적·영적으로 열심히 연구하길 즐기며 설교를 준비하는 일을 사랑하는가, 그 과정을 통해 더 많이 알게 된 그분을 사랑하는가? 주일이 다가올 수록 설교를 통해 삼위의 경이로움을 선포함으로써 삼위일체 하 나님의 이름을 높이길 갈망하게 되는가, 당신 자신이 회중의 사 랑을 좀 더 얻는 데 마음을 쏟게 되는가?

설교자에게 주어진 도전은 여전히 사랑하는 자로 남으라는 것이다. 설교의 부르심이 아무리 중요하고 가슴 설렌다 해도, 예 수 그리스도 안에 있는 하나님의 사랑에 사로잡히라는 일차적인 부르심을 흐리지 말라는 것이다. 우리는 하나님이 사랑이시라는 것, 이 땅의 삶은 그 사랑을 알고 그 사랑의 빛 안에서 살라는 하 늘의 초청이라는 것을 가르쳐야 한다. 단순히 정보만 전달하는

◈ Michael Reeves, *Christ Our Life*(Milton Keynes: Paternoster, 2014), p.76. 『그리스도, 우리의 생명』, 장호준 옮김(서울: 복 있는 사람, 2016).

설교는 메마른 강연에 불과하며, 설사 그리스도인을 만든다 해
도 메마른 그리스도인을 만들 뿐이다. 그렇다. 우리가 청중에게
설교하는 것은 사랑의 하나님이 그분의 아들 안에서 그들을 만
나러 오셨다는 사실을 발견케 하기 위해서다.

당신은 당신이 사랑하는 것만 설교할 수 있다. 하나님의 사랑
을 알고 날마다 그 사랑을 먹을 때만 참으로 사랑할 수 있다. 하
나님은 언제나 사랑이신 자신을 설교하신다. 이보다 더 큰 메시
지, 이것이 아닌 복음, 이보다 더 큰 목적은 그분께 없다. 우리도
마찬가지다.

하나님의 영광과 설교의 위대함

02. 하나님을 즐거워하라

문. 우리는 어떻게 하나님을 즐거워합니까?
답. 그분이 우리에게 말씀하시는 모든 것에 마음으로 복종함
으로써 즐거워합니다.

❖

너희가 기쁨으로 구원의 우물들에서 물을 길으리로다.

사 12:3

하나님은 활기찬 설교자를 사랑하신다. 항상 기뻐하시는 복되신
하나님은 자신이 그리스도 안에서 베푸시는 은혜를 기쁨 넘치는
설교자들이 선포하길 원하신다. 그분은 자신을 즐거워하도록, 그
기쁨으로 다른 이들을 잔치에 초대하도록 우리를 부르신다. 설
교와 설교자는 복음의 기쁨으로 충만해야 한다. "너희가 기쁨으
로 구원의 우물들에서 물을 길으리로다." 듣는 이들을 섬기라는
부르심을 참으로 받드는 설교자는 복음의 기쁨을 맛보고 가르치
며 공유하는 사람이다.

이 말에 상심할 이들이 있을 것이다. 삶은 아주 힘든 것으로,

기쁨은 확실히 우리가 경험하는 온갖 감정 중 하나에 불과하다. 눈물과 심적 고통—어떤 이들을 몇 달씩, 심지어 몇 년씩 망연자실케 하는 슬픔이나 심신을 미약하게 만드는 질병—은 어쩌란 말인가? 그렇다. 설교자도 다른 모든 사람처럼 깊이 슬퍼할 때가 많다. 거의 모든 다른 감정이 기쁨을 몰아낼 때가 이리도 많은데, 굳이 기쁨을 지목하는 이유가 무엇인가?

우리가 진정 복음을 믿는지 아닌지 보여주는 것이 다름 아닌 기쁨이기 때문이다. 기쁨은 진정한 복음의 특징이다. 기쁨은 당면한 어려움을 회피하는 소란스러운 감정이 아니다. 예수 그리스도를 아는 사람은 하나님—미소를 지으시며 우리를 돌보아 주시는 성부, 우리와 함께 길을 가시는 성자, 우리에게 힘을 불어넣어 주시는 성령—과 화평을 누리는 즐거움을 맛보며, 그 즐거움을 더 많이 맛보고 싶어 한다. 가혹하게 힘든 날들이 찾아와 하나님과 교제하고 있다는 우리의 인식에 잠시 그늘을 드리울 수도 있다. 그럼에도 삼위일체 하나님은 여전히 우리와 함께 하시며 우리의 기쁨이 되신다.

그리스도와 그분의 은혜를 기뻐하는 마음은 복음이 우리 마음을 차지하고 있다는 가장 확실한 표지다. 예수께로 인도함을 받고 자발적인 종이 되었노라 고백하면서도 기쁨 없이 사는 자는 문제가 있는 것이다. 무거운 의무감으로만 설교하는 자는 문제가 있는 것이다. 의무를 다하는 데서 더 나아가 양심적으로 충실하게—그러나 사실상 기쁨은 없이—설교하는 것만으로도 사람들을 그리스도께로 이끌 수 있다고 진정 믿는 사람은 스스로 속고 있는 것이다. 온 세상이 기쁨을 찾고 있다. 교회도 마찬가지다. 모든 사람이 당신을 쳐다보고 있다. 당신은 메시지—그것도 삶을 변화시키는 메시지—를 전하는 설교자다. 그런데 정작 당신은 모두가 갈망하는 이 영역에서 변화되고 있는가? 기쁨이 넘치는 설교자로서 당신의 말에 걸맞은 혁명적 변화를 경험하고 있는가?

『웨스트민스터 소요리문답』의 작성자들은 우리가 그리스도 안에서 구속받은 것이 하나님께 사랑받는 기쁨을 알기 위해서임을 알았다. 이것이 삶의 목적이다. 『소요리문답』에 나오듯이 "인간의 제일가는 목적은 하나님을 영화롭게 하고 그분을 영원히 즐거워하는 것"이다.◆ 그리스도 안에서 사는 삶은 일련의 명령에 외적으로 순종하는 것이 아니다. 무엇보다 먼저, 성령이 우리 안에서 일하심으로써 우리의 정신과 마음을 다시 만드시는 것이다. 그래야 믿음이 즐거운 순종으로 표현된다. 성령의 인도를 받을수록 그리스도께 점점 더 깊이 만족하며 기쁨 가득한 삶을 살게 된다.

그리스도인의 삶은 성령의 능력으로 하나님의 말씀을 듣고, 회개와 믿음으로 예수 그리스도께 반응하는 데서부터 시작한다. 그리스도인은 동일한 경험을 계속해 나가며 성숙한다. 말씀에서

◆ Answer to Q. 1 in *The Westminster Shorter Catechism* (Edinburgh: Banner of Truth, 2015), p.5. 『웨스트민스터 소교리문답』, 권율 옮김(서울: 세움북스, 2018), 제1답.

그리스도를 보고, 그분을 예배하며, 기꺼이 그분의 주권에 마음을 드린다. 은혜의 통치를 부정하는 삶의 방식을 회개하고 그분께 다시 헌신한다.

우리가 그리스도인으로 살아가면서 발견하는 놀라운 사실은 제자도가 곧 기쁨의 초청이라는 것이다. 예수는 제자들에게 약속하신다. "진리를 알지니 진리가 너희를 자유롭게 하리라"(요 8:32). 그리스도와 함께 내딛는 첫걸음은 곧 이해와 실재와 진리와 자유로 나아가는 걸음이다. 예전의 우리처럼 온 세상이 이것을 구하지만 실패하고 있다. 우리는 한 분 예수 그리스도 안에서 은혜로 이 모든 것을 접하게 되었다. 전에 죄의 통제를 받았던 마음에 하나님의 용서가 침투하여 용서와 화평을 누리는 새 삶으로 인도해 주었다. 그리고 기쁨이 찾아왔다. 예수 안에서 기쁨이 주어졌다(요 15:11, 16:24). 설교하는 자들은 그리스도 안에서 열심히 기쁨을 추구해야 한다.

그리스도 안에서 얻는 참된 기쁨을 흩뜨리며 가로막는 것들이 많다. 가장 큰 장애물은 사역이다. 나도 쏟아지는 사람들의 필요에 기도와 설교 준비가 온통 집중되면서 마음이 바람굴처럼 어수선해지면, 나 자신의 영적 필요를 챙길 시간을 충분히 확보하기 위해 분투하곤 했다. 주일과 주중 마감시간에 마음과 의지를 집중시키다 보면 아무리 열심 있는 설교자라도 서서히(스트레스를 받으며) 죽어가게 마련이다. 예수가 더 이상 우리 자신이 경험하는 즐거움이나 남들에게 권하는 즐거움이 되지 못하며, 그분의 감미로움 또한 퇴색해 버린다. 말씀 설교가 더 이상 기쁨에 사로잡힌 마음에서 흘러나오지 못한다. 혹시 지금 그런 상태에 있다면 잠시 사역을 중단했다가 다시 시작할 필요가 있다.

그렇다면 어떻게 해야 할까? 우리 마음에 시간과 공간을 마련함으로써 아무 방해 없이 복음으로 되돌아가야 한다. 우리 자신이 그리스도 안에서 얼마나 사랑받고 있는지 새롭게 발견할 필요가 있다. 바쁜 생활 속에서도 하나님의 말씀에 귀 기울일 시간을 확보하기 위해 싸울 필요가 있다. 그렇지 않으면 일과 사역과 걱정이라는 찔레와 가시가 영혼을 질식시킨다. 우리 마음에는 시간—말씀을 위한 시간—이 필요하다. 기도하고, 노래하며, 예배해야 한다. 기쁨을 짓뭉개는 죄와 경건치 못한 행동양식을 찾아내서 고백해야 한다. 숙고해야 할 복—우리의 자격과 상관없이 은혜가 가져다주는 복—이 많고도 많으며, 우리 구주 안에서 발견해야 할 기쁨 또한 넘친다. "하나님을 기뻐하는 것은 그리스도인의 삶에 따르는 아주 중대한 의무"라고 매튜 헨리Matthew Henry 는 말했다.◈ 하나님의 의도는 그분의 즐거운 복음을 전하는 설교자가 말씀에 푹 잠겨 기쁨을 추구하고 기쁨을 나누며 교회를 섬기는 것이다. 그분의 목적은 설교자가 말씀의 지배를 받고 자신의 경험에서 나온 말로 설교하는 것이다.

◈ Matthew Henry, *Commentary on the Whole Bible*, 6 vols.(Peabody, MA: Hendrickson, 1991), 6:599.『매튜 헨리 주석』(전집 총 21권), 원광연 외 옮김(파주: 크리스천다이제스트, 2015).

그 목적이 이루어지도록 설교 준비를 잠시 미루어야 하며, 삶의 어떤 영역들은 원칙에 따라 신중하게 무시하기도 해야 한다. 잔디는 웃자라고 자전거는 좀 녹슬지 모른다. 그러나 우리가 길어 내야 할 구원의 샘이 있고, 그리스도 안에서 기뻐하느냐 못하느냐가 거기 달려 있다. 이 '마음의 일'은(청교도의 표현대로) 바쁜 생활의 여러 가지 할 일에 추가할 별도의 의무가 아니다. 설교자의 우선적인 책임이다. 별도의 선택사항이 아니다.

장 칼뱅Jean Calvin 의 친구 마르틴 부처Martin Butzer 는 말씀 사역자들에게 이런 조언을 했다.

속사람의 생명과 건강은 하나님의 자비를 참되고 생생하게 믿으며 주 그리스도가 우리를 위해 값을 치르고 얻어 주신 죄 사함을 확신하는 데 있다. 이 믿음과 확신이 있을 때 하나님과 그분이 기뻐하시는 모든 것을 사랑하게 되며, 우리에게 바른 뜻을 주실 뿐 아니라 모든 악을 피하고 모든 선을 행할 능력을 주시는 그분의 선하신 영을 받게 된다.[◎]

좋은 충고다. 우리의 복잡한 시대는 빈손으로, 그러나 기대하는 마음으로 하나님께 나아가는 일의 경이로움을 재발견할 필요가 있다. 우리가 감히 그분의 말씀을 설교하기 전에 그분이 먼저 우

◎ Martin Bucer, *Concerning the True Care of Souls*(Edinburgh: Banner of Truth, 2008), pp.103-4.

하나님의 영광과 설교의 위대함

리에게 설교해 주심으로써 말씀을 더욱 즐거워하게 해주시길 청할 필요가 있다. "말씀 안에서 얻는 기쁨은 우리가 실제로 말씀에 어느 정도의 가치를 부여하는지 보여주는 시금석이다."◈

◈ Christopher Ash, *Bible Delight: Heartbeat of the Word of God*(Fearn, Ross-shire: Christian Focus, 2008), p.191.

03. 우리가 설교하는 분

문. 하나님은 누구십니까?

답. 하나님은 완전히 자신의 영광만을 위해 사시고 다스리시
   며 사랑하시고 말씀하시는 분입니다.

❖

깊도다, 하나님의 지혜와 지식의 풍성함이여! 그의 판단은 헤아리지 못할

것이며 그의 길은 찾지 못할 것이로다!

"누가 주의 마음을 알았느냐?

누가 그의 모사가 되었느냐?"

"누가 주께 먼저 드려서

갚으심을 받겠느냐?"

이는 만물이 주에게서 나오고 주로 말미암고 주에게로 돌아감이라. 그에게

영광이 세세에 있을지어다. 아멘.

롬 11:33-36

하나님의 영광과 설교의 위대함

설교자의 단 한 가지 부르심은 하나님이 누구시며 어떤 분이신지 표현하는 것이다. 우리는 하나님이 자신에 대해 계시하신 바를 선포할 권한이 있다. 하나님을 설교하라는 부르심보다 더 큰 임무가 있겠는가?

그렇다면 하나님은 누구신가? 한번 정의해 보라. 시도해 보라. 성경을 잘 알수록 의견을 제시할 채비가 되어 있을 것이다. 교회와 사역에 익숙한 이들은 대답이 바로 머릿속에 떠오르고 입 밖으로 튀어나올 것이다. 그럼에도 잠시 멈추는 것이 지혜다. 하나님에 대해 이야기할 때는 단어 선택이 중요하며 정의를 내리는 일이 반드시 필요하다. 하나님을 알수록, 하나님을 안다고 주장할수록, 단어 선택에 더욱 신중을 기해야 한다. 하나님에 대해 이야기할 때는 특히 더 그렇다.

웨스트민스터에 모인 이들은 "하나님은 누구십니까?"라는 제4문을 고찰하며 그 답을 작성하기 위해 고심했다. 전해지는 바에 따르면, 성경의 하나님을 어떻게 정의해야 할지를 놓고 여러 논쟁이 오갔다고 한다. 그런데도 만족스러운 단어를 찾지 못하자 결국 기도하기로 했다. 한 사람이 대표 기도의 요청을 받고 하나님께 도움을 구했다. 그런데 함께 기도하던 참석자 모두 발견한 사실은 그가 사용한 단어들이야말로 요리문답의 답에 합당하다는 것이었다. 그리하여 그가 기도한 말들이 하나님에 대해 모든 그리스도인이 믿어야 할 진리의 고전적 표현으로 자리잡게 되었다. "하나님은 그 존재와 지혜와 능력과 거룩하심과 공

의와 선하심과 진리에 있어 무한하고 영원하며 불변하는 영이
십니다."◈

이 문장을 다시 읽어 보라. 한 번 더 읽어 보라. 단어들을 마
음으로 곱씹으며 그 진리를 영혼으로 느껴 보라. 당신의 하나님
은 이런 분이시다. 만물에 의미를 부여하시는 위대한 실체시다.
성공과 쾌락의 삶이라는 대체품에 만족하지 못하는 자들이 어두
운 눈으로 더듬어 찾는 바로 그 빛이시다. 자연의 어마어마한 능
력을 보면서도 감히 유추할 엄두를 낼 수 없을 만큼 큰 능력이시
다. 우리를 속이고 실망시키는 세상 속에서 모든 만족의 원천이
요 진리의 원천이 되는 분이시다. 설교자는 하나님 안에 있는 그
진리를 선포하는 자다.

더 좋은 사실이 있다. 더 완전해질 여지가 하나님께 있다는
의미에서 더 좋다는 말이 아니라(복되게도 그것은 불가능하다) 완
전한 관계를 맺고 있는 모습으로 자신을 보여주신다는 점에서
더 좋다는 것이다. 그렇다. 그분은 삼위일체 하나님이시다.◎ 자
신을 삼위로 계시하셨다. 실체이신 성부는 그 존재 자체로 세상

◈　이 말을 한 사람은 그 사역과 경건함으로 널리 알려졌던 스코틀랜드의 청교도
　　목사 조지 길레스피George Gillespie(1613-1648)였다.

◎　유서 깊은 신앙고백들은 대부분 하나님의 존재를 먼저 다룬 후에 삼위일체를 탐
　　구한다. 삼위일체를 반드시 다루어야만 하나님이 누구신지 알 수 있다는 점에서,
　　그 신앙고백들은 잘못되었다고 보아야 할까? 나는 그렇게 생각하지 않는다. 구
　　약시대에 하나님은 주로 희미한 일별과 암시를 통해 아주 점진적으로 삼위일체
　　의 본성을 계시해 주셨다.

이 환상이나 악몽이나 혼돈의 도가니가 아니라 모든 지혜와 사랑의 하나님이 만드신 작품임을 선포하신다. 생명이신 성자는 성부와 성부가 자신에게 주신 모든 사람을 사랑하심으로 자신을 믿는 모든 자에게 영생을 주고자 세상에 오셨다. 그리고 하나님의 능력은 성령을 통해 나타난다. 그분의 능력이 역사해야 마음이 굳고 죄로 죽은 반역자들이 새로 태어나 하나님의 자녀가 된다.

설교단에서 할 일은 이 삼위일체 하나님께 아무것도 필요치 않으며 피조물의 사랑은 더더욱 필요치 않다는 사실을 설명하는 것이다. 하나님은 사랑이시요, 따라서 삼위가 다 사랑이시다. 삼위는 서로 사랑을 표현하시고 서로 사랑받으시며 서로 즐거워하신다. 우리 생각과는 달리 우리가 필요치 않다는 사실을 청중에게 알려 주어야 한다. 오히려 복음은 내내 사랑하시며 이미 사랑하고 계신 하나님의 품에 안기길 구하는 모든 자에게 사랑을 주시겠다는 제안이다.

설교자는 사람들에게 이런 하나님을 가르침으로써 온 힘을 다해 그분을 예배하게 해야 한다. 이런 하나님을 설교함으로써 다른 어떤 동기 없이 오직 삼위일체의 흘러넘치는 사랑 때문에 잃은 자들을 사랑하기로 선택하시고 사랑하시는 하나님을 사모하게 해야 한다. 그리스도 안에서 사랑을 나타내신 이 하나님을 아는 것이 바로 영생이다. 설교자의 임무는 이 점을 보여주는 것이다. 오직 자신의 영광만을 위해 사시고 다스리시며 사랑하시고 말씀하시는 하나님을 주일마다 청중에게 보여주어야 한다.

복음을 설교할지 삼위일체를 설교할지를 놓고 고민하는 어리석은 짓을 할 필요가 없다. 복음의 하나님이 곧 삼위일체의 하나님이시다. 복음 메시지는 삼위 간에 사랑하시는 하나님을 지금은 믿음으로 알며, 영원한 그날에는 직접 뵙고 깨지지 않는 기쁨으로 알라는 부르심이다. 하나님은 그리스도의 얼굴에 있는 삼위일체의 영광을 아는 빛을 주셨다(고후 4:6). 복음을 설교하는 것은 곧 삼위일체의 사랑을 설교하는 것이다.

사도 바울은 말씀의 사람으로서, 은혜를 받아 예배하는 사람이 되었다. 예수 그리스도의 구원에 나타난 삼위일체의 사랑과 역사를 로마 교인들에게 선포하던 그는 잠시 멈추어 다음과 같은 찬양을 터뜨리면서 자기 마음을 표출한다.

깊도다, 하나님의 지혜와 지식의 풍성함이여! 그의 판단은 헤아리지 못할 것이며 그의 길은 찾지 못할 것이로다!

"누가 주의 마음을 알았느냐?
누가 그의 모사가 되었느냐?"
"누가 주께 먼저 드려서
갚으심을 받겠느냐?"

이는 만물이 주에게서 나오고 주로 말미암고 주에게로 돌아감이라. 그에게 영광이 세세에 있을지어다. 아멘.

그분은 영화로운 분이시다. 성경이 우리에게 선포하는 하나님(노래하고 경고하며 그 앞에 나아갈 것을 명하고 즐거워하길 권하는 하나님)은 이런 분이시다. 이 하나님을 아는 것보다 더 큰 소망은 세상에 없다. 이 하나님이 우리를 기다리고 계신다.

04. 이 책으로

문. 성경이 주로 가르치는 것은 무엇입니까?

답. 성경은 전부 예수에 관한 책으로서, 우리는 그분을 선포하
고 신뢰하며 찬송해야 합니다

❖

이 성경이 곧 내게 대하여 증언하는 것이니라.

요 5:39

내가 일했던 런던 교회의 전임 목회자는 15년간 교회를 섬겼는
데, 사역이 막바지에 이른 어느 날 한 여성이 이렇게 물었다. "목
사님은 메마르는 법이 없나요?" 솔직하고도 좋은 질문이었다. 끝
이 없어 보이는 사역을 계속 해나가야 하는 처지가 기막혀서 물
은 것이 아니라, 같은 책으로 매주 계속 설교할 수 있다는 사실이
놀라워서 물은 것이었다. 그 질문에 대한 솔직한 대답은, 영혼이
나 설교가(대개는 둘 다) 말라붙는 메마른 시기가 어느 설교자에
게나 찾아온다는 것이다. 그러나 그것은 예외적인 경우여야 한
다. 우리에게는 하나님이 설교자와 청중의 유익을 위해 주신 책

하나님의 영광과 설교의 위대함

이 있기 때문이다. 성경은 마르지 않는 즐거움과 소망과 확신과 충동의 원천이다. 나는 그리스도인이 된 지 한 달밖에 되지 않은 10대 후반에 이 사실을 발견했다. 하나님이 일단 설교 사역으로 부르시면 그 일에는 끝이 없다는 사실, 모든 사역을 마쳤을 때도 사실은 막 시작한 것이나 다름없다는 사실을 알았다.

성경이라는 책이 가슴 떨리도록 강력한 이유가 무엇일까? 순전히 예수 그리스도의 모든 것이 담겨 있기 때문이다. 성경은 예수의 전기라고 할 수 있다. 이 책은 그분의 책이다. 창세기부터 계시록까지 모든 책은 탁월하신 예수를 보여주기 위해 하나님의 성령이 들고 계신 66개의 거울이다.

그러나 우리 자신도 성경에서 예수를 보기 위해 분투해야 한다. 우리 눈은 구약성경의 전 영역에서 예수를 찾아내는 데 익숙지 않다. 신약성경을 읽을 때도(간혹 설교할 때도) 결국 모든 것을 우리 자신에게로 귀결시켜 버린다. 예수의 말씀을 다루면서도 정작 그분은 잊어버리거나 하나님의 드라마에서 조연으로 밀어 낸 채 우리가 주연이 되려 하는 것이다. 이처럼 예수가 성경의 중심이심을 잊어버릴 때 성경이 지루해지는 것은 놀랄 일이 아니다. 실제로 성경은 애초부터 우리에 관한 책이 아니다(사실이나 규범이나 이데올로기나 삶의 소소한 조언들을 모아 놓은 흥미로운 책 또한 아니다). 성경은 예수의 책으로서, 하나님이 아들에 관해 알려 주시는 모든 내용과 우리가 아들에게 나아가 변화받기 위해 필요한 모든 내용을 담고 있다. 성경에서 예수를 발견하지 못할

때 너무나도 쉽게 따분한 설교자와 제자가 되는 것은 놀랄 일이
아니다.

예수는 성경이 전부 자신에 관한 책임을 몰랐던 대적들을 책
망하셨다(요 5:39-40). 그리고 제자들도 같은 이유로 책망하셨다
(눅 24:25-27). 십대들이 쉽게 그러하듯, 18세인 내 아들이 어젯
밤 즉석에서 명쾌하고도 자신 있게 한 말은 이것이었다. "예수님
이 **바로** 성경이에요." 나는 그런 표현을 쓴 적이 없었고 거기에
는 몇 가지 단서를 붙일 필요가 있었음에도, 아주 마음에 드는 말
이었다.

예수가 성경에 대해, 그리고 성경에서 자신이 차지하는 중심
적 위치에 대해 말씀하셨을 때, 청중은 충격을 받으면서도 즐거
워했다. 첫 설교부터 마지막 설교에 이르기까지, 그분은 하나님
의 계획과 말씀에서 자신이 어떤 위치를 차지하고 있는지 설명
하셨다. 그렇게 애쓰셨음에도 죽음의 위협을 받으셨고 사형선고
를 받으셨다(마 26:62-68, 막 12:1-12, 눅 4:14-29, 요 8:48-59를 보
라). 예수의 대적들이 보길 거부했던 그 사실을 제자들은—우리
처럼—더디지만 결국 깨달았다.

'엠마오로 가는 길'(눅 24:13-49)은 수백 년간 설교자들의 발
길이 닿아 거의 반질반질할 정도가 되었다. 우리가 그토록 많은
설교를 들었거나 심지어 직접 설교를 했음에도 그 메시지는 여
전히 놀랍고 강렬하다. 누가는 상심한 제자들에게 나타나신 예
수의 기이한 출현을 거장의 솜씨로 재현한다. 그리스도가 부활

하셨음을 이미 아는 우리 독자들은 그 제자들의 절망에 진정으로 동참할 수가 없다. 그럼에도 그들의 낙담한 마음에 귀기울여 보라. "우리는……바랐노라"(21절). 메시아에게 품었던 소망이 전부 무너져 내렸다. 우리도 그런 절망을 느껴 본 적이 있고, 지금도 분명 많은 이들이 조용히 그런 절망에 빠져 있을 것이다.

주님은 그들을 책망하심으로 위로하셨다(25-26절). 제자들은 십자가를 오해하고 빈 무덤을 의심했다. 성경을 이해하지 못하고 믿음이 부족한 탓이었다. 메시아의 십자가 죽음과 부활의 메시지를 믿고 타올랐어야 할 마음이 오히려 비탄으로 마비되었다. 부활하신 그리스도는 친히 복음을 가르치실 필요가 있었고, 그 교훈을 들었을 때 모든 것이 명료해졌다.

부활하신 주님은 지금도 같은 변화를 일으키신다. 이들은 예루살렘을 막 떠나왔음에도 그날 저녁에 바로 돌아갔다. 날이 저물었는데도 기꺼이 길을 나선 것이다. 아침에 상한 마음으로 떠나온 길을 저녁에는 타오르는 마음으로 돌아가, 모든 성경이 가리키는 그리스도, 부활하신 그리스도의 헌신된 사자使者가 되었다.

오늘날 우리가 새겨야 할 이 이야기의 요점은, 그리스도의 영광을 보고 싶으면 그분의 말씀으로 나아가야 한다는 것이다. 엠마오 이야기는 그리스도가 사라지시는 것으로 끝난다. 그러나 그분의 말씀은 남아 있다. 그분은 성경을 통해 자신을 알려 주신다. 다른 수단들은 그리스도에 관한 진리를 알려 주지 못한다.◈

설교자이자 제자로서 우리가 할 일은 예수가 모든 성경의 핵심에 계심을 발견하는 것이다. 개인적으로 그 사실을 발견할 때, 우리 마음은 달아오르기 시작할 것이다. 그리고 달아오른 마음은 금세 타오르기 시작할 것이다. 복음의 사랑 안에 나타난 예수 그리스도의 모든 것에 우리의 모든 것을 드리며 그분을 신뢰하고 싶어질 것이다. 우리 대신 십자가에서 지옥의 고통을 겪으신 모든 영광의 주를 찬송하고 싶어질 것이다. 제자로서 우리가 받은 부르심은 성령의 도움을 받아 이 타오르는 마음을 지키는 것이다. 설교자로서 우리가 받은 부르심은 그분에 대한 신뢰와 찬양을 표현하며 그분을 선포함으로써 듣는 이들의 마음속에 그 불을 옮겨붙이는 것이다. 성령의 능력으로 모든 성경 안에서 그리스도를 제시하기만 하면 실패하지 않을 것이다. 다음에는 이 주제를 다루려 한다.

◈ 내 친구 팀 체스터에게 감사한다. 엠마오 사건에 대한 몇 가지 생각은 그가 2016년 요크셔에서 처치 플랜터들에게 전한 설교에서 촉발된 것이다.

하나님의 영광과 설교의 위대함

05. 그리스도를 설교하라

문. 설교란 무엇입니까?
답. 설교란 예수 안에 있는 하나님의 진리를 선포함으로써 그
  이름이 찬송받으시게 하는 것입니다.

❖

이 은혜를 주신 것은 측량할 수 없는 그리스도의 풍성함을 이방인에게 전하
게 하시고.

엡 3:8

설교란 무엇인가? 피터 애덤 Peter Adam 은 "함께 모인 그리스도의 회
중 안에서 말씀을 설명하고 적용하는 일"이라고 정의한다.❖ 청
중은 설교자가 선포하는 하나님의 진리를 듣고 그 의미를 깨닫
는다. 패커 J. I. Packer 는 "하나님이 대변인의 말을 통해 성경에 기초
한 메시지, 그리스도에 관한 메시지, 삶에 영향을 끼치는 교훈과
지도의 메시지를 청중에게 주시는 일"이 곧 설교라고 말한다.◎

❖ Peter Adam, Speaking God's Words: A Practical Theology of Preaching (Nottingham:
    Inter-Varsity Press, 1996), p.61.

그렇다면 설교는 얼마나 중요한 것일까? 윌리엄 그린힐William Greenhill은 이렇게 대답한다. "하나님의 말씀을 해설하고 설교하며 사람들의 여러 상태에 적용하지 않으면 그들은 멸망한다."[■]

예수 그리스도의 지칠 줄 모르는(또한 두려움 없는) 종이었던 청교도 존 플라벨John Flavel은 오직 "쉭쉭 끓어오르는" 설교만 자신에게 도움이 된다고 주장했다.[+] 그것은 시끄럽고 요란한 설교자를 원한다는 말이 아니라, 예수가 누구시며 그분이 왜 그토록 영광스럽게 중요한지 말씀을 통해 밝히는 일에 전적으로 헌신한 설교자를 원한다는 말이었다. 오직 그런 설교만 빛과 생명을 가져온다.

엠마오 이야기는 긴요한 원리를 한 가지 알려 준다(눅 24:25-27, 45). 말씀에서 그리스도의 음성을 듣고 그분께 열린 마음은 타오르게 되어 있다. 강해가 아무리 재미있고 심지어 감동적이어도 성경 이상을 듣지 못하는 자들의 마음은 금세 식게 마련이다.

그렇다면 설교자는 어떻게 성경을 충실하고 정확하게 다룸으로써 모든 장에서 예수를 보여주어야 할까? 어찌 되었든 예수

◎ J. I. Packer, "Some Perspectives on Preaching," in Preaching the Living Word, ed. David Jackman(Fearn, Ross-shire: Christian Focus, 1999), p.28.

■ William Greenhill, Chad B. Van Dixhoorn, Confessing the Faith: A Reader's Guide to the Westminster Confession of Faith(Edinburgh: Banner of Truth, 2014), p.187에서 인용.

✛ John Flavel, Husbandry Spiritualiz'd: Or, The Heavenly Use of Earthly Things(London, 1765), p.27.

를 명확히 언급하지 않는 성경 구절들이 많은데(아마도 대부분 그럴 텐데) 굳이 예수와 연결시키려 애쓰다 보면 억지스럽게 들릴 수도 있고 청중이 제대로 납득하지 못할 수도 있다. 모든 성경으로 그리스도를 설교하면서도 각 부분을 오독하지 않고 청중을 혼란에 빠뜨리지 않으려면 어떻게 해야 할까?

설교자들이 알듯이 이것은 엄청난 논쟁이 벌어지는 영역이다. 모든 성경으로 그리스도를 설교한다는 주제에 대해 콘크리트만큼이나 단단하고 완강하며 상이한 견해들이 서로 부딪치고 있다. 내 확신은, 본문이 문맥 안에서 하는 말을 민감하게 찾아낸 후 그 본문(또한 문맥)이 구속사의 과정 속에서 차지하는 위치를 아주 예민하게 파악해야 한다는 것이다.

에훗이 모압 왕 에글론을 죽임으로 하나님 백성을 종살이에서 해방시키는 사사기 3장을 설교한다고 하자. 설교자는 하나님이 세우신 구원자—구원자로 부르심을 받을 만하지 않은 변두리 인물—의 용기와 반역하던 백성이 그를 따름으로써 펼쳐지게 된 자유의 새로운 장^章에 대해 이야기할 것이다. 사사기는 하나님이 지도자들—대개는 연약한 자들—을 세우심으로써 반역자들에게 은혜를 베푸셨다는 주제에 천착한다. 에훗을 비롯한 지도자들의 특징은 지혜의 부족함이나 불신앙이나 비겁함이나 교만 같은 여러 죄를 가진 자들이었다는 것이다. 우리는 그들을—최선의 모습뿐 아니라 최악의 모습을—보면서, 한 강한 지도자를 떠올리게 된다. 겉으로는 구원자처럼 보이지 않지만 자기 목숨을

자유의 새로운 장(章)에 대해 이야기할 것이다.

바침으로써—십자가에서 목숨을 버림으로써—죄와 악을 패배시키신 분, 그리하여 믿고 회개하는 포로들을 해방시켜 주신 분을 떠올리게 되는 것이다.

너무 손쉬운 예 같은가?(양해해 주기 바란다. 이 주제에 대한 동료의 훌륭한 설교를 막 들은 터라 이 예를 들었다.) 그렇다면 죄와 구속이라는 성경의 주요 주제를 탐구하지 않는 것 같은 구절들은 어찌해야 하는가? 이를테면 야곱과 라헬의 오랜 연애, 여호수아 때 이스라엘 지파들의 영토 분배, 선지자들이 겪었던 지독한 개인적 갈등, 엘리야와 엘리사 시대에 살았던 과부들의 눈물에서 예수를 찾아낼 수 있는가? 성전 기둥의 석류 장식에 대한 구절을 읽으면서 예수를 이야기할 수 있는가?

이 모든 구절뿐 아니라 무수히 많은 다른 구절에서도 예수는 자신에 대해 말씀해 주신다. 좌절한 마음과 영토 분배와 예배 물품들을 통해서도 말씀해 주신다. 성경의 줄거리는 한 가지로서, 모든 세부사항이—낱낱이 다—그 줄거리를 펼쳐 나가며 그리로 우리를 인도해 간다는 사실을 알 때, 그 모든 구절을 통해 예수께 나아가게 된다. 싱클레어 퍼거슨이 말한 바와 같다. "성경은 창세기 3:15부터 끝까지, 용사이신 하나님이 자기 백성을 돕기 위해 찾아와 흑암의 나라에서 건지시며 그들 안에서 그들을 통해 그들 가운데 자신의 통치를 확립해 나가시는 이야기다." 그렇기 때

◈ Sinclair B. Ferguson, *Preaching Christ from the Old Testament* (London: The Proclamation Trust, 2002), p.8.

문에 성경에 눈물이 나오든 아름다움이 나오든 부요함이 나오든 예배가 나오든, 그 모든 것에 궁극적인 가치와 의미를 부여하시는 분을 얼핏 보게 되는 것이다.

이 사실을 숙지하고, 이 사실로 성경 읽기와 설교 사역의 틀을 잡으라. 하나님의 드라마가 펼쳐지는 무대 중심에 예수가 계신다는 진리로 청중을 이끌지 못한다면, 어떤 본문도 제대로 다루지 못한 것이다. 그러므로 성경을 읽을 때는 모든 페이지에서 예수를 보길 기대하며, 그분의 승리가 펼쳐지는 과정과 그분의 자애로운 은혜를 보길 기대해야 한다.

우리의 설교를 듣는 이들은 대부분 믿음이 약하고, 유혹받고 있으며, 지쳐 있다. 우리는 그들을 가르치되, 그 이상의 목적 또한 가지고 있다. 우리가 가르치는 진리로 그들의 마음이 위로받는 모습을 보려 하는 것이다. 우리가 설교를 준비하고 설교를 위해 기도하며 예수 안에서 발견한 진리를 선포하는 것은 이처럼 듣는 이들이 새로운 소망을 가지고 예수께 자신을 드리게 하기 위해서다. 설교자는 교회가 모든 성경을 통해 그리스도를 먹을 수 있도록 떡을 떼어 주는 사람이다.

존 뉴턴John Newton은 그리스도인의 길을 걷는 한 친구를 격려하고자 이런 편지를 썼다.

우리를 위해 사시고 죽으시고 통치하시며 중보하시고 다스리시는 분을 믿음으로 볼 때, 십자가를 견디고 모든 반대를 이기며 시험을

버텨 내고 확장된 마음으로 그분의 계명의 길을 달려갈 수 있는 시야와 전망과 동기와 격려를 받는다네.◈

우리가 설교로 하는 일이 바로 이것이다. 설교에 이보다 더 중대한 목표는 없으며, 이보다 못한 목표는 허용되지 않는다.

◈ Tony Reinke, *Newton on the Christian Life: To Live Is Christ* (Wheaton, IL: Crossway, 2015), p.270.

하나님의 영광과 설교의 위대함

o6. 평생토록

문. 설교자의 제일가는 목적은 무엇입니까?

답. 설교자의 제일가는 목적은 하나님을 영화롭게 하고 그분
   을 영원히 즐거워하는 것입니다.

❖

성소를 향하여 너희 손을 들고 여호와를 송축하라.

시 134:2

모든 설교자는 사랑하는 자다. 큰 마음과 큰 꿈과 큰 열망을 품고
있다. 그런데 가장 큰 사랑의 대상이 가장 큰 위험이 될 수 있다.
설교라는 불안정한 일에 몰입하려면 자신이 왜 이 일을 하는지
최대한 분명하게 알 필요가 있다. 그 이유를 아는 데 실패하면 사
역도 확실히 실패할 것을 각오해야 한다.

  설교자가 사랑하는 것들 중 몇 가지는 명백히 죄가 된다. 사
람의 인정과 칭송을 사랑할 수 있다. 우리 말에 귀기울이는(적어
도 그렇게 보이는) 이들에게 끼치는(우리가 그렇게 믿는) 힘을 사랑
할 수 있다. 우리의 학식과 언변으로 사람들을 감명시킬 기회를

사랑할 수 있다. 청중의 유익과 상관없이 설교를 준비하고 연구하는 일 자체를 사랑할 수 있다. 은혜의 역사가 거의 나타나지 않는데도 설교하는 것 자체에 크게 만족할 수 있다. 당신은 설교를 사랑하는가? 이 책을 읽고 있는 것을 보면 그렇다는 것을 알 수 있다. 그런데 왜 사랑하는가?

총 150편의 시편 중 두 번째로 짧은 134편은 단 세 절에 불과하다. 그러나 모든 하나님의 종들을 놀랄 만큼 묵직하게 가격한다. 가장 단조로운 삶 속에서도 하나님의 사랑에서 마음의 안식을 찾는지 도전한다. 설교자들은 대부분 단조로운 삶으로 부름받는다.

134편은 '성전에 올라가는 노래'로 알려진 일련의 시편들 중 마지막에 해당한다. 하나님과 동행하려는 이들을 위해 쓰인 이 노래들은 전부 15편으로 이루어져 있다. 이스라엘 백성은 일 년에 세 번 예배하기 위해 예루살렘에 올라가며 이 노래들을 불렀지만, 오늘날 우리는 평생 믿음의 길을 걸어가며 불러야 한다. 134편에서 예루살렘을 찾은 순례자들은 해가 뜨기 전에 고향집으로 다시 출발했을 것이다. 그렇게 돌아가기 전, 마지막으로 생각이 미친 자들이 바로 성전의 제사장들이었다.

보라, 밤에 여호와의 성전에 서 있는

여호와의 모든 종들아(1절).

하나님의 영광과 설교의 위대함

아무리 전능자의 처소라 해도 그들이 하는 일은 설렐 만한 요소가 하나도 없는 것이었다. 성전을 지키고 청소하는 일을 다 마친 밤에는 특히 더 그랬다. 밤에는 그들이 하는 일을 보고 감사하며 인정해 줄 사람조차 없었다. 그것은 지상의 보상이 거의 없는 지루하고도 지치는 일이었다.

설렐 것도 없고 눈에 띄지도 않고 알아주는 이도 없는 일. 아마도 제사장들은 그보다 훨씬 큰 일로 부름받았다고 생각했을 것이다. 대부분의 설교자들도 마찬가지다. 우리는 반응과 성장과 부흥을 원하며, 가능하면 많은 지지를 계속 받길 원한다. 그리고 어떤 설교자들은 원하는 바를 얻기도 한다. 그러나 그것은 예외적인 경우임을 알 필요가 있다.

우리는 대부분 야간 근무를 하는 사람들과 같다. 설교는 확실히 감격스러울 때가 많은 일이다. 우리의 사역을 통해 사람들이 그리스도께 돌아오고, 우리가 전한 말씀을 통해 신자들이 성숙한다. 우리가 설교한 성경을 이해하고 삶에 적용함으로써 사람들의 문제가 해결되며, 각 개인이 점차 진정한 기독교 공동체를 이루어 간다. 영광이 홀연히 임할 때도 있고, 하나님이 사람들 사이에 강력히 임재하여 역사하기도 하신다. 그럼에도 우리가 하는 일은 종종 희미해지는 믿음의 불빛 속에서 밤에 수행해야 하는 것들이 대부분이다.

설교는 보통 수십 년씩 매주 해 나가야 진보의 열매가 나타나는 더딘 일이다. 우리의 수고는 인정받지 못할 때가 많다. 대개는 눈에 띄지 않고 알아주는 경우도 많지 않은 이 일의 부담 때문에 설교자와 가족들이 희생을 치르기도 한다. 이처럼 대가는 큰데 성과는 거의 없을 때, 모든 설교자가 정기적으로 자문해야 할 질문이 이것이다. "나는 왜 이 일을 하는가?"

이 시편에 스쳐 지나가는 성전의 장면을 유심히 보라. 제사장들이 낙심치 않도록 순례자들이 격려해 주고 있다.

> 성소를 향하여 너희 손을 들고
> 여호와를 송축하라!(2절)

다시 말해서, 주목하는 이 하나 없고 하는 일이 전혀 설레지 않아도 하나님을 예배하라는 것이다. 그럴 때라도 그분이 나를 사랑하시고 나를 주목하시며 내 수고를 치하하심을 기억하라는 것이다. 포기하지 않으면 상 받을 때가 온다는 사실을 기억하라는 것이다(갈 6:9). 자기 연민은 자기 과시만큼이나 기독교 사역에 합당치 않은 감정이다. 하나님은 하나님이시요 천지의 주재시다. 그러니 그분을 예배하라.

당신은 하나님을 위해 설교하는 사람이다. 그분이 기쁘게 설교로 부르시고 무장시키셨기에 지금 설교하고 있는 것이다. 당신이 설교하면 하나님이 기뻐하신다. 설교를 준비하고 전하는 일을 즐거워하도록 명하신 분이 그분이시기에, 당신이 설교할 때 영광을 받으신다. 설교에 분명한 열매가 맺히는 것 또한 그분

하나님의 영광과 설교의 위대함

이 자신의 이름을 위해 친히 하시는 일이다. 단순히 자기가 좋아서, 또는 사람들이 가치 있는 일로 여겨 주는 듯해서 설교하는 사람은 문제가 있는 것이다. 그 이유들이 사라지는 순간, 본마음이 드러나면서 스스로 자기 실상─줄곧 하나님의 영광보다 자기 욕망에 사로잡혀 있었던 실상─을 보게 될 것이다(아마 남들도 보게 될 것이다).

그리스도인의 삶, 기독교 설교자의 삶은 매순간 성령의 능력으로 하나님과 그분의 은혜에 전심을 드리는 삶이다. 자신을 위한 마음이 남아 있다면─한 조각이라도─큰 문제가 있는 것이다. 제임스 스미스 James K. A. Smith 는 이렇게 설명한다. "우리 마음은……존재의 나침반이자 체화된 자동유도장치와 같다. 우리 마음에 새겨진 N극을 향해 우리가 사랑하는 것들이 쇠붙이처럼 끌려가게 되어 있다. 이 잡아끄는 힘이 우리의 행동과 행위─사실상 삶의 방식 전체─를 우리 자신에게서 선한 삶의 이상異象으로 이끌어 간다."◈

바로 이것이 우리가 매일 싸워야 할 싸움이요 기쁘게 섬길 수 있는 길이다. 예수 그리스도 안에 있는 가장 깊은 충동, 하나님을 향한 충동이 당신의 마음을 이끌어 가게 하라. 그러면 아무리 힘들어도 당신이 삶으로 드리고 있는 예배에 일치하는 설교 사역을 하게 될 것이다.

◈ James K. A. Smith, *You Are What You Love* (Grand Rapids, MI: Brazos, 2016), p.57. 『습관이 영성이다』, 박세혁 옮김(파주: 비아토르, 2018).

07. 우리가 확신해야 할 것

문. 어떻게 하나님의 능력과 목적 안에서 쉴 수 있습니까?
답. 설교가 잘되든 안되든 하나님이 책임지신다는 것과 설교를
통해 일하신다는 것을 확신함으로써 쉴 수 있습니다.

❖

그가 밤낮 자고 깨고 하는 중에 씨가 나서 자라되 어떻게 그리 되는지를 알
지 못하느니라.

막 4:27

하나님은 아들을 통해 온 세상에 한 나라를 건설하고 계신다. 그
나라는 말씀 설교로 세워진다. 마가복음 4:1-20에 나오는 농부
와 밭의 비유는 말씀을 선포하라는 예수의 부르심에 주의하는
자가 하는 일이 무엇이며 부르신 분이 하시는 일은 또한 무엇인
지 분명하게 안내해 준다. 이 나라가 성장할수록 반발과(사탄의
반발을 포함하여) 무관심에 부딪치고 유망했던 출발은 참담한 실
망과 오해로 이어지겠지만, 그럼에도 놀라운 성장은 계속될 것
이다. 여기에서 우리는 경고도 받고 격려도 받는다.

젊은 설교자들은 예수의 말씀이 맞다는 것을 금세 알게 된다. 말씀 사역을 통해 하나님의 능력이 흘러나오면서 사람들의 삶에 혁명적인 변화가 일어나는 것을 보지만, 예상치 못한 온갖 낙심되는 반응들이 터져 나오는 것도 본다. 온 세상뿐 아니라 때로는 교회도 설교를 수월한 일로 여긴다. 그러나 이 부르심의 무게를 느끼는 자들은 설교가 사실상 힘든 일임을 안다.

존 플라벨은 목사들의 모임에서 전하려고 준비한 마지막 설교에서(실제로 그는 이 설교를 전하지 못하고 세상을 떠났다) 동료 사역자들에게 바로 이 점을 경고했다. 그가 마르틴 루터 Marin Luther를 인용하며 한 말은 이것이다.

"사역의 노동은 뼛골을 말려 일찍 늙어 죽게 만듭니다"(루터). 추수꾼의 노고나 진통하는 여인의 산고나 위험한 전투를 치르는 병사의 고통에 가히 비할 만합니다. 남들이 잘 때도 우리는 깨어 있어야 합니다.

우리를 죽을 만큼 괴롭히는 것은 이 노동의 비용이 아니라 실패입니다. 다른 노동자들과는 다릅니다. 그들은 일을 마치면 성과를 얻지만, 우리는 아닙니다. 죄와 사탄은 우리가 하는 거의 모든 일을 흩뜨리며, 우리가 한 편의 설교로 교인들의 영혼에 끼친 감명은 다음 설교를 하기도 전에 사라져 버립니다. 우리가 연구할 진리가 얼마나 많은지요! 탐지할 사탄의 전략과 타락의 비결은 또 얼마나 많은지요! 해결할 양심의 문제가 얼마나 많은지요! 핼쑥해지도록 진리를 연구하고 쓰러지도록 설교해야 할 뿐 아니라 그 설교한 진리를 지키기 위해서도 싸워야 합니다. 그러나 머리와 심장과 폐와 모든 것을 잘 사용하여 자신이 그리스도의 충성된 종임을 입증하고 "잘하였도다, 착하고 충성된 종아"라는 기쁜 음성을 그 입에서 들을 수만 있다면, 아픈 가슴과 쑤시는 등과 떨리는 다리도 기쁘게 받아들이십시오.◈

플라벨이 옳다. 설교 사역에는 감수할 대가가 있다. 설교는 지치고 종종 낙심되며 사탄의 집중적인 공격을 받는 일이다. 설교자는 심오한 주제들을 명백하고도 유익하게 다루어야 한다. 이 일은 전혀 쉽지 않다. 이 일을 계속 해 나갈 동기와 관점을 신속히 찾아낼 필요가 있다.

이와 관련하여 내가 가장 좋아하는 성경구절은 마가복음 4:1-9에 나오는 농부와 밭의 비유에 뒤이어 그 의미를 자세히 설명해 주시는 부분이다(막 4:26-29). 예수는 말씀이 뿌려진 후 "땅이 스스로 열매를 맺되 처음에는 싹이요 다음에는 이삭이요 그 다음에는 이삭에 충실한 곡식이라"라고 하신다(28절). 농부는 지쳐서 잠자리에 든다. 씨는 땅 속에 묻혀 있다. 그의 일은 평범해 보이며, 다음날에도 눈에 띄는 성과는 나타나지 않는다. 그러나 보이지 않는 곳에서 놀라운 변화가 일어나고 있다. 이제 곧 싹

◈ John Flavel, *The Character of a True Evangelical Pastor, Drawn by Christ*, in *The Works of John Flavel*, 6 vols,(Edinburgh: Banner of Truth, 1968), 6:569.

하나님의 영광과 설교의 위대함

이 트고 줄기가 자라며 열매가 맺혀 수확을 기다리게 될 것이다
(27-29절).

여기에 설교의 비밀이 있다. 하나님 말씀의 씨를 심은 직후에
는 흙에 묻히고 감추어져 마치 잊히고 죽은 것처럼 보인다. 설교
자는 제 할 일을 하고 집으로 돌아간다. 그러나 그때부터 성령이
일하러 가신다. 청중의 마음속에 씨가 자리잡게 하신다. 믿음과
생명의 기적을 일으키신다. 우리 역할도 중요하지만—믿음은 들
음에서 나기에(롬 10:17)—생명을 주시는 이는 성령이시다. 그래
서 하나님이 영광을 받으시는 것이다. "그런즉 심는 이나 물주는
이는 아무것도 아니로되 오직 자라게 하시는 이는 하나님뿐이니
라"(고전 3:7).

설교자는 자기 자신과 청중을 위해 해마다 더 어린아이처럼
하나님의 은혜를 의지해야 한다. "우리가 믿음으로 행하고 보는
것으로 행하지 아니함이로라"라는 말씀을 모든 설교자의 서재와
설교단에 붙여 놓아야 한다(고후 5:7). 설교자에게는 많은 믿음이
필요하다. "보는 것"은 아주 기만적인 것으로서 우리를 낙심시키
기 때문이다.

당신도 때로 설교가 무위로 돌아가는 것을 보지 않는가? 쉽
게 전하고자 그토록 열심히 노력했건만 회중은 설교의 요점을
파악하지 못한다. 불쾌하게 할 의도가 전혀 없었던 말에 불쾌해
한다(그 반대 상황도 벌어진다). 주중에 기도하며 아주 세심히 준
비했던 내용이 설교에 담기지 않는다. 최선의 설교가 종종 최악

의 실패작이 된다. 대체 무엇을 위해 그토록 노력했던가 생각하며 좌절하고 당황하여 풀이 죽은 채 집으로 돌아간다.

이때도 필요한 것은 믿음이다. 설교는—아무리 망친 것 같아도—결코 허비되지 않고 하나님의 목적에 사용된다(사 55:11). 우리는 하나님이 아니기에, 그분이 어떻게 미약할 때가 많은 우리의 노력을 통해 일하심으로써 영광을 받으시는지 모른다는 점을 기꺼이 인정해야 한다. 우리는 그 방식을 알 필요가 없으며, 노심초사할 필요도 없다. 하나님이 친히 일하신다. 우리는 그분의 약속을 믿는다.

이제 우리가 직면할 문제, 설교하고 난 이후 행동에 드러나는 문제는 이것이다. 하나님이 일하심을 믿고 마음의 평안을 누리는가? 아드레날린이 넘쳐 조깅을 하든, 지쳐 소파에 쓰러지든 마음속에 신뢰가 있는가? 자신의 설교가 하나님의 일을 성취하리라 진심으로 믿는가?

믿음은 영적 무장의 일부다. 설교를 마친 후에는 설교와 청중을 다 하나님께 맡겨야 한다. 그럴 때 모두가 안전하고 우리도 안전하다. 성령이 주시는 믿음의 은사가 있어야 모든 일을 행한 후에 능히 설 수 있다(엡 6:13).

08. 설교의 부르심

문. 하나님이 우리를 설교로 부르셨다고 믿는 이유가 무엇입니까?

답. 우리는 하나님이 설교자를 지으시고 부르신 것을 압니다. 그분의 말씀과 우리의 경험을 통해 그것을 알 수 있습니다.

❖

푯대를 향하여 그리스도 예수 안에서 하나님이 위에서 부르신 부름의 상을 위하여 달려가노라.

빌 3:14

'설교의 부르심'은 오늘날 아주 인기 없는 말이 되었다. 하나님은 설교자든 술집 주인이든 모든 사람을 똑같이 사랑하시는데, 이 말은 설교자를 좀 과하게 중시하는 표현 같지 않은가? 우리는 당연히 주부의 가사 노동부터 압박이 심하고 장거리 통근이 필요한 은행 업무에 이르기까지 모든 부르심은 하나님 보시기에 귀한 것이라고 단언하고 싶어 한다. 그런데 왜 굳이 설교 사역만 부르심이 필요한 일인 양 따로 지목하는 것일까?

이것은 좋은 질문이지만 그 동기는 좀 더 은밀한 데 있는 경우가 많다. 설교자가 그토록 중요하다면 그들의 말을 더 주의해서 들어야 할 텐데, 반권위주의적인 우리 시대는 신뢰와 순종을 암시하는 일이라면 무엇이든 피하려 든다. 그러다 보니 하나님의 임명을 받아 말한다고 믿는 이들—설교자들—을 향해 세속적인 의심을 품게 되는 것이다. 그러나 우리는 하나님의 뜻을 가볍게 넘겨 버릴 수 없으며 그분의 종들을 상대화할 수 없다. 그분은 말씀하신다. 자신이 임명하신 자들의 선포를 통해 말씀하신다.

부르심이라는 개념은 성경에서 나온 것이다. 모든 신자는 그리스도께 나아오도록(또한 그를 섬기도록, 고전 1:9), 고난이 따르는 제자의 삶을 살도록 부름받는다(막 8:34-35, 벧전 2:21), "그리스도는 모든 그리스도인을 동역자로 부르신다"라고 에드먼드 클라우니 Edmund P. Clowney 는 말한다.◇ 그런데 어떤 이들은 그리스도께 나아와 섬기라는 부르심에 더하여 그분의 말씀을 선포하라는 특정한 부르심을 받는다. 사도행전의 교회는 성령이 말씀의 종으로 따로 세우신 사람들을 공적으로 승인했다(행 13:2-4). 그리스도의 교회는 대대로 그렇게 함으로써 하나님의 부르심을 확증했다. 장 칼뱅도 사역의 부르심을 두 가지 측면에서—'나는 이 일을 **해야만** 한다'라는 개인의 내적 강박감 및 그가 사역자에게 필요한

◇　Edmund P. Clowney, *Called to the Ministry*(Philadelphia: Presbyterian and Reformed, 1964), p.42.『부르심』, 이정규·황영광 옮김(서울: 복 있는 사람, 2020).

　　　　　　　　　　　하나님의 영광과 설교의 위대함

경건과 하나님의 말씀을 다루는 은사를 갖추었다는 교회의 승인으로—확인했다.◆

『웨스트민스터 소요리문답』은 우리가 하나님의 형상대로 지으심을 받았으며(제10문), 우리 삶은 그분의 섭리에 따라 이루어진다고(제11문) 가르친다.◎ 설교의 부르심은 보이지 않는 하나님의 진리를 세상에 전하는 것으로서, 그분이 우리의 삶과 은사를 지도하심으로 확증된다.

부르심을 오인하는 때는 언제인가?

그럼에도 앞으로 더 나아가기 전에, 하나님의 부르심에 대한 세 가지 오해를 정리해 보자.

단순히 설교하길 좋아한다고 부름받은 것은 아니다. 그렇다. 좋아한다고 부름받은 것이 아니다. 좋아한다고 잘할 수 있는 것 또한 아니다. 간절히 바란다고 부름받은 것이 아니다. 물론 지역교회와 교회 지도자들은 성령이 복음을 섬기게 하시고자 그리스도의 몸인 교회의 모든 지체에게 주신 은사를 알아보고 고취할 필요

◆ John Calvin, *Institutes of the Christian Religion*, ed. John T. McNeill, trans. Ford Lewis Battles(London: SCM Press, 1959), 4.3.15. 『기독교 강요』, 원광연 옮김 (파주: 크리스천다이제스트, 2015).

◎ 『웨스트민스터 소교리문답』, 제10, 11문답.

가 있다(고전 12:12-31, 엡 4:11-13). 그러면서도 어떤 개인이 열정을 보인다고 해서 그에게 일을 맡기면 안 된다. 설교는 더더욱 그렇다.

단순히 남들이 내 설교를 좋아한다고 부름받은 것도 아니다. 지지 支持는 교회가 사용하는 귀한 은사임에도 문제가 될 수 있다. 아무개의 설교를 좋아하는 세 사람이 각각 자기 생각을 피력함으로써 말없이 참고 있는 이들을 수적으로 쉽게 압도할 수 있다. 그러면 흥분에 들뜬 아무개는(아마도 적잖은 자부심을 느끼며) "저들은 날 좋아해!"라고 말할 것이다. 자, 저들은 날 좋아할 수도 있고 소수는 내 설교를 알아줄 수도 있다. 그러나 설교의 부르심을 확증하려면 아내와 친한 친구 두 사람 이상이 필요하다.

스스로 설교의 압박감을 느낀다고 부름받은 것 또한 아니다. 많은 복음주의 교회에는 스스로 설교해야 한다고 확신하는 교인들이 있다. 자신의 은사야말로 교회의 문제에 대한 응답이요 자신이야말로 남들이 실패한 자리에서 설교해야 할 사람이라고 확신하는 이들, 확실히 '압살롬 같은' 이들이 있다(삼하 15:1-6을 보라). 그러나 사역의 압박감을 나 자신이 아닌 남들이 느껴야 부름받은 것이다.

부르심이 유효한 때는 언제인가?

그렇다면 어떻게 우리 삶 속에서 부르심을 확인하고, 남들이 확증해 줄 만한 방식으로 그 부르심에 응해야 할까?

설교에 압도감을 느끼면 부름받은 것이다. 설교는 가장 떨리고 영광스러우며 놀라운 부르심인 동시에 가장 버겁고 때로는 무서운 부르심이다. 교회사는 설교의 부르심을 애써 피하려 했던 이들의 이야기로 가득하다. 스코틀랜드의 종교개혁자 존 녹스John Knox는 예배 중 "이것이 하나님의 뜻이요 회중의 뜻"이라고 선포한 설교자를 통해 목회와 설교 사역으로 부름받았다. 녹스는 울며 그 자리에서 뛰쳐나가 방을 걸어 잠그고 칩거했다. 그보다 5년 전, 제네바에서도 젊은 장 칼뱅이 설교 사역으로 주님을 섬기라는 부르심에 아주 비슷한 반응을 보였다. 내 친구 한 사람도 교회에서 처음 설교하라는 요청을 받았을 때 어찌나 무서웠던지 설교하지 않아도 될 설득력 있는 핑계를 미친 듯이 찾았고, 결국 그곳을 떠날 요량으로 집을 내놓을 생각까지 해냈다!

"누가 이 일을 감당하리요?"(고후 2:16) 아직도 자신만만한 설교자는 충분히 오랜 세월 설교하지 않은 것이다. 설교에 관한 한, 시간은 잘못된 자신감을 무너뜨리는 중대한 요인이다. 우리 모두 자신이나 남들의 죄와 실패에 무너지는 시기가 온다. 그때 성령이 우리를 다루심으로써 그리스도를 닮은 종—우리의 만족이 오직 하나님께로부터 온다는 것을 아는 참된 종—으로 만들어 가신다(고후 3:5). 그분은 기쁘게 이 일을 하신다.

하나님의 말씀이 필요한 자들을 깊이 사랑하면 부름받은 것이다. 참 설교자는 사람들을 사랑한다. 그들을 위해 기도하고, 그들의 말을 경청하며, 설교할 때든 아니든 그들을 섬긴다. 그들과 함께 하길 좋아한다. 사람을 사랑한다는 말의 일부 의미는, 그들과 떨어져 자신을 훈련하며 자주 고독한 시간을 확보하여 설교를 준비함으로써 그들에게 그리스도를 보여주고 그분을 더 깊이 사랑하도록 돕고자 한다는 것이다. 사도 바울이 명령하고 직접 본을 보인 대로, 참 설교자는 온유한 사람이다(살전 1:6-9, 딤후 2:24-25). 듣는 이들을 섬기기 위해 은밀한 기도의 수고를 감당하는 기도의 사람이기도 하다. 기도야말로 견실한 사랑의 행동이다.

하나님의 말씀을 섬기기 위해 고난받을 준비가 되었다면 부름받은 것이다. 사람들을 섬기는 일이 특권이 아닌 고통이 되었다면, 주일 좌석 배치가 이제 그만 '탈피하고 싶은 일'이 되었다면, 내 사역에 대한 아프고 부당한 비난을 처리하는 것이 더 이상 '못할 일'이 되었다면, 내가 설교 때 한 말들을 책임질 마음이 없어졌다면, 이미 경고등이 켜진 것이다. 하나님의 외아들은 종이 되셨다. 종의 마음을 가진 자만 말씀의 종으로 부름받는다.

하나님의 영광과 설교의 위대함

이것이 하나님께 부름받은 세 가지 핵심 표지다. 물론 하나님의 말씀을 설명할 수 있는 은사도 추가해야 한다. 그러나 은사 자체가 부르심은 아니다. 하나님은 자기 종을 지으시고 예수를 닮도록 부르신다. 성령이 그 부르심을 주시고 인치실 때, 평생 열매 맺는 사역으로 나아가게 된다.

09. 하나님을 위해, 사람을 위해

문. 하나님이 우리를 설교로 부르신 이유가 무엇입니까?
답. 그분의 복음으로 모든 청중을 섬기게 하시기 위해서입니다.

❖

오직 너희 기쁨을 돕는 자가 되려 함이니 이는 너희가 믿음에 섰음이라.

고후 1:24

그리스도인으로서 당신의 여정에 가장 크고 항구적인 영향을 끼친 사람들은 진리를 알려 준 이들이다. 그들은 개인적인 친구 관계나 설교 사역을 통해 하나님의 지혜로 당신을 섬겼다. 이런 섬김에는 힘든 일들—성령이 당신의 마음을 부드럽게 하시며 회개와 믿음과 변화로 이끄시기 전까지 슬픔이나 분노를(또는 둘 다) 일으키는 일들—또한 수반되게 마련이다. 사랑은 진리를 말하는 것이다. 진리를 말하되 올바른 방식으로 말하는 것이다. 우리의 말에서 사랑을 듣지 못하고 우리의 얼굴에서 사랑을 보지 못하는 이들이 우리의 사랑을 알길 기대할 수는 없다. 말하는 내용만큼 말하는 방식도 중요하다. 둘 다 놓치지 않으려면 하나님의 은혜가 우리 사역에 역사해야 한다.

사랑으로 진리를 말할 때 하나님이 높임을 받으신다. 실제로 그 모든 말의 목적은 하나님께 영광을 돌리려는 데 있다. 사람을 섬기는 일과 하나님을 높이는 일은 전혀 상충하지 않는다. 하나님의 말씀을 해설하는 것이 사람을 섬기는 길이요, 하나님의 말씀을 선포하는 것이 곧 그분께 영광을 돌리는 길이다. 따라서 이 두 가지를 분리하면 두 목표 다 이루지 못한다. 잃은 자들이나 구원받은 자들에게 유익을 끼치기 위해 복음의 사랑으로 온전한 복음을 전하지 않으면서 하나님을 높일 수는 없다.

하나님께 영광을 돌리는 설교는 사람들이 복음의 진리를 이해하고 즐거워하도록 돕는 설교다. 그리스도의 십자가에 나타난 하나님의 영광을 설교로 선포하는 것이 곧 은혜에 주린 자들에게 유익이 된다. "설교의 목적은 하나님의 진리를 제시함으로써 인간의 영혼을 영원히 구원하는 것"이라고 윌리엄 쉐드William G. T. Shedd는 썼다.◆ 하나님이 당신에게 원하시는 바, 청중이 당신에게 필요로 하는 바가—현재 본인들이 알든 모르든, 실제로 원하든 원치 않든—바로 이것이다. 이에 미치지 못하는 설교는 그저 나쁜 설교에 불과하다.

이처럼 설교는 예수 그리스도 안에 있는 복음의 진리를 사랑으로 선포함으로써 하나님께 영광을 돌리길 추구하는 일이다.

◆ William G. T. Shedd, *Homiletics and Pastoral Theology* (Edinburgh: Banner of Truth, 1965), p.37.

하나님이 영광을 받으신다면, 우리에게 무슨 일이 닥치든 사실상 문제가 되겠는가? 하나님의 광채가 십억 개 태양의 작은 광채를 무색케 하며 무궁히 빛난다면, 사역이 만족스럽든 아니든 사실상 의미가 있겠는가? 자기 평판이 그토록 중요하겠는가? 당연히 중요치 않다. 설교는 언제나 자기 과시나 자기 성취가 아닌 자기 소멸의 연습이 되어야 한다. 주님은 "내 양을 먹이라"라고 하셨지 "네 자아를 먹이라"라고 하지 않으셨다(요 21:17). 우리는 설교를 통해 사람들을 그리스도께로 이끌어야 하며, 그리스도와 계속 머물게 해야 한다.

설교의 부르심은 성령의 능력으로 하나님의 말씀을 전함으로써 사람들을 사랑하라는 명령이다. 그러려면 우리가 누구에게 설교하는지 알아야 한다. 이 일에는 헌신이 필요하다. 그들이 자기 삶을 열길 기대하기 전에 당신의 삶부터 열어야 한다. 그리고 그들의 필요와 꿈과 싸움과 두려움이 보이기 시작할 때, 말씀 앞으로 나아가 그들을 섬길 방법을 찾아야 한다. 이와 관련하여 존 플라벨이 우리를 도와준다.

신중한 사역자는 자기 장서 중 가장 뛰어난 인간의 책보다 교인들의 영혼을 더 연구하며, 자기에게 가장 쉬운 내용이 아닌 그들에게 가장 필요한 내용을 선택합니다. 자기 양떼의 상태를 마땅히 알아야 할 만큼 익히 아는 사역자는 다음 설교 주제를 선택하는 데 어려움을 겪지 않습니다. 교인들의 필요에 따라 본문을 선택합니다.……

그러면 확신과 중생과 믿음이라는 중대한 주제로 나아가게 되며, 서재에서 생각에 잠겨 묻게 됩니다. "주여, 어떤 방법을 택하고 무슨 말을 사용해야 저들의 죄와 위험을 인식시키며, 그리스도의 필요성과 충족성을 저들의 마음에 가장 잘 전달할 수 있겠습니까?"◈

기독교 사역과 관련하여 내가 가장 좋아하는 본문은 단연 고린도후서 1:24이다. "우리가 너희 믿음을 주관하려는 것이 아니요 오직 너희 기쁨을 돕는 자가 되려 함이니 이는 너희가 믿음에 섰음이라." 바울은 여기에서 사역의 권한에 대해 천명하는데, 그 모든 표현에 중대한 의미가 담겨 있다. 이 구절은 바울의 고린도 교회 사역이 어떠했는지 알려 줄 뿐 아니라, 청중을 섬김으로써 하나님께 영광을 돌리라는 설교의 행군명령을 내리고 있다. 우리가 주의해야 할 설교의 세 가지 중대한 우선순위가 여기 나온다.

"우리가 너희 믿음을 주관하려는 것이 아니요." 우리는 말씀의 종이다. 이 말을 마음에 새기라. 설교는 남들에게 힘을 행사하는 일이 아니라 남들의 종이 되는 일이다. 종의 부르심은 오직 남들을 위해 일하는 데 있다. 많은 고린도 교인들이 바울을 불신했고, 오히려 세상적인 설교자들을 신뢰했다. 사도가 군림한다고 느끼는 자들까지 있었다. 우리 회중 가운데에도 자신이 개인적으로 처

◈   John Flavel, *The Character of a True Evangelical Pastor, Drawn by Christ*, in *The Works of John Flavel*, 6 vols.(Edinburgh: Banner of Truth, 1968), 6:571.

리할 수 있는 일에 설교자가 괜히 간섭한다고 의심하는 이들이 지금도 있다. 그렇게 의심할 이유가 없도록 사랑으로 인내하며 하나님의 백성을 섬겨야 한다. 우리는 그들이 예수를 믿도록 열심히 애쓰며 섬기는 자들이다.

"오직 너희 기쁨을 돕는 자가 되려 함이니." 너희 기쁨을 돕는! 모든 설교자가 이 세 단어에 충격을 받아야 한다. 우리의 목표는 청중이 예수 그리스도를 점점 더 기뻐하도록 돕는 것이다. 그분은 값비싼 진주시요 생명의 떡이시요 하늘의 광채시다. 그 안에서 기쁨을 찾지 못하면, 간신히 제자의 시늉만 하는 처지로 쪼그라들게 된다. 그러나 예수가 얼마나 놀랍고 영광스러운 분인지 발견하면, 열렬하고도 담대하게 그분을 위해 살게 된다. 하나님을 높이고 사람을 돕는 설교는 철저한 겸손과 사랑으로 전하는 설교로서, 점점 더 넘치는 기쁨으로 그리스도를 확신하게 만든다.

"이는 너희가 믿음에 섰음이라." 고린도에는 스스로 섰다고 자신했으나 은혜의 증거는 거의 찾아볼 수 없는 이들이 있었다(고전 10:12). 자만은 마귀의 작품이다. 사탄은 우리를 미혹하여 하나님의 은혜만 의지하지 않아도 안전한 것처럼 믿게 만든다. 사역은 듣는 이들과 우리 자신이 삶 속에서 이렇게 잘못 믿고 잘못 적용한 자신감에 빠지지 않도록 싸우는 일이다. 하나님은 사랑으로 우리의 자신감을 털어 내시고, 모든 수단을 사용하여 그분을 바

라보게 하시며, 믿음에서 자라가게 하신다. 그렇게 우리 자신이
믿음에서 자라갈수록 남들을 초청하여 믿음의 위대한 본이 되시
는 주 예수를 함께 의지하자고 권하게 된다.

하나님은 자신이 선포하신 말씀에서 아들의 구원하시는 은
혜를 보고 즐거워하는 자녀에게 자신의 영광을 맡기신다. 이것
이 우리가 추구하는 영광스러운 부르심이다. "누가 이 일을 감당
하리요?"(고후 2:16) 은혜로, 오직 은혜로 우리가 감당한다.

10. 한 치의 예외 없이

문. 그밖에 하나님이 명하신 것은 무엇입니까?
답. 그리스도의 다스림을 받는 자로서 모든 설교를 하도록 명
   하셨습니다.

❖

그가 누구이기에 바람과 물을 명하매 순종하는가?

눅 8:25

설교로 부름받은 자들은 다른 모든 일에서도 하나님의 목적을
위해 부름받았음을 확신해야 한다. 주님이 매주 설교자에게 맡
기시는 좁은 범위의 활동을 넘어 세상 전체에 관여하신다는 것
을 진정 확신하지 못하면서 설교단에 바라시는 바를 안다고 자
신해 봐야 소용이 없다. 예수는 설교단에서만 다스리시는 것이
아니라 설거지나 건강 문제나 금융 시장이나 부부 문제 또한 다
스리신다. 우리가 섬기는 이들, 우리가 범하는 잘못, 사역의 성공
과 실패, 교회와 가정에서 부딪치는 죄와 비극 모두 똑같이 주님
의 주권적 통제를 받는다. 설교자는 왕이신 예수가 다스리시는

하나님의 영광과 설교의 위대함

우주를 향해 설교하는 것이다. 삶을 바꾸는 이 진리를 모든 설교의 견고한 토대로 삼아야 한다. 이를 믿으라. 이를 설교하라.

예수는 "하늘과 땅의 모든 권세를 내게 주셨"다고 하셨다(마 28:18). 바람과 바다가 그 권세를 인정했다(막 4:39). 질병과 죽음과 마귀와 하늘도 인정했다. 제자들이 이해하기까지는 시간이 좀 더 필요했다. 지금도 마찬가지다. 우리는 훌륭한 일에는 하나님이 관여하셔도 비참한 일과는 무관하시다는 부족한 믿음을 가지고 있다. 적잖은 이교 신앙이 섞여 있는 생각 아닌가? 이런 확신에 조금이라도 굴복하면 근심하며 낙심하는 설교자가 된다.

이번에도 우리 자신에게 먼저 복음을 설교해야 한다. 복음은 한 왕이 계신다는 선언이다. 예수의 왕권을 인정하지 않고 거기에 복종하지 않는 세상의 권위를 주장하는 자들은 다 사기꾼이요 반역자요 원수다. '우리 사역이 무너지고 있는 것은 사실상 하나님이 우리 상황을 다스리시지 않기 때문이 아닌가' 하는 두려움은 위험한 불신앙의 표지다. "다른 임금 곧 예수라 하는 이가 있다"라는 말씀으로 그 두려움을 쳐내야 한다(행 17:7). 이 왕은 거침없는 사랑의 능력으로 우리를 다스리실 뿐 아니라 우리를 위하신다. 이 사실이 우리에게 용기를 준다.

우리가 받은 부르심은 우리와 회중의 삶이 종종 혼돈에 빠진 듯 보일 때에도 복음의 말씀을 전하라는 것이다. "우리 하나님이 다스리신다"라는 말을 결코 진부한 문구로 들어서는 안 된다. 언제나 그 말뜻 그대로, 유일무이하게 평안을 주는 소망 가득한 주장으로 들어야 한다. 우리가 사는 세상에는 목적이 있다. 그렇지 않을 것 같은 두려움이 설교를 듣는 이들 대부분의 마음속 깊이 자리잡고 있다. 그들은 실패와 비극이 할퀴고 간 자기 삶을 보고 있으며, 많은 이들이 슬픔으로 무너져 있다. 상황이 이처럼 엉망인데 대체 무슨 목적이 이루어진단 말인가? 신자들이 극복해 나가야 할 삶이 이처럼 버거운데, 어떻게 하나님이 능하고도 선하시단 말인가?

그리스도가 지금도 바람과 물결을 다스리심을 확신하며 주장하지 못한다면, 말 그대로 그리스도인으로서 생존할 수가 없다. 케빈 벤후저 Kevin Venhoozer가 이에 대해 잘 이야기했다. "그분은 신성한 아들로서, 만물이 그분 안에서 그분을 통해 창조되었고(골 1:16) **재창조된다**. 즉, 제자리를 잡고 의로워진다."◈ 세상의 증거와 우리 마음속 두려움이 다른 주장을 할지라도, 그리스도는 진정 "능력의 말씀으로 만물을 붙"들고 계신다(히 1:3). 모든 것이 그분의 명령 아래 있다. 어떤 것도 그분의 주권에서 벗어나 있지 않다.

그리스도를 주±로 믿는 것은 우리 모든 삶을 위해 전심으로 해야 할 일이다. 존 오웬이 설명하듯이 "믿음은 마음의 행위다. 성경에서 마음은 영혼의 모든 기능을 포괄하는 곳이다."◎ 잠깐

◈ Kevin Vanhoozer, *Biblical Authority after Babel: Retrieving the Solas in the Spirit of a Mere Protestant Christianity*(Grand Rapids, MI: Brazos, 2016), p.90.

◎ John Owen, *The Works of John Owen*, ed. William H. Goold, vol. 5, *Faith and Its Evidences*(Edinburgh: Banner of Truth, 1968), p.115.

하나님의 영광과 설교의 위대함

멈추어 숙고해 보라. 믿음이 얼마나 벅차고 어려운 일인지 설교자들이 과연 알고 있을까? 그렇기도 하고 아니기도 하다. 아마도 많은 차원에서 모르고 있는 것 같다. 우리가 설교해야만 한다고 느끼는 것은 성령이 복음의 확신을(간혹 흔들릴 때가 있음에도) 은사로 주신 덕분이다. 말은 하지 않지만 많은 교인들이 아주 솔직한 심정으로 '난 절대 저 일을 못해'라고 생각한다. 설교가 믿음을 한껏 사용해야 하는 일이요 때로는 극한까지 사용해야 하는 일임을 제대로 알고 있는 탓이다. 대부분의 기준에서 볼 때, 설교자는 어떤 신자보다 믿음이 큰 사람들이다. 그래서 청중 가운데 많은 이들이 믿기 위해 어떤 분투를 하는지 알아채지 못하기가 쉽다.

그러나 고난당하는 동료 그리스도인들과 함께 하거나 자기 자신이 시련의 시간을 거치다 보면 믿음이 결코 자연히 생기거나 간단히 생기는 것이 아님을 절감하게 된다. 삶이 끔찍이 힘들 때는 물론이요 간혹 행복할 때조차도 쉽고 간단한 반사작용으로 예수를 신뢰하게 되지 않는다. 실제로 설교자로서 자신의 삶을 얼핏 살펴보아도 믿음을 발견하기가 힘들지 않은가? 변덕스러운 기분과 가끔 무너져 내리는 감정이 그 증거라고 할 수 있다. 설교자는 무거운 짐을 감당하는 자들로서, 자기 문제뿐 아니라 자기가 설교로 섬기고 있는 이들의 어려움과 문제까지 짊어져야 한다. 우리에게 믿음은 힘든 것이다. 전 영혼을 그리스도께 고정시킬 필요가 있다.

믿음은 배고픈 것으로서, 참 믿음에는 양식이 계속 공급되어

야 한다. 양처럼 목자도 좋은 양식을 먹어야 한다. 그 식이요법
의 열쇠는 그리스도의 주권을 굳게 신뢰하는 데 있다. 계속적인
성경 묵상을 통해 믿어야 하며, 묵상이 사람들을 섬기는 설교에
서 중요한 위치를 차지함을 확실히 알아야 한다. 실제로 모든 것
이―설교자와 제자, 재앙과 기쁨 모두―그분의 지혜로운 사랑의
명령을 받는다.

> 지혜로운 자는 그의 지혜를 자랑하지 말라. 용사는 그의 용맹을 자
> 랑하지 말라. 부자는 그의 부함을 자랑하지 말라. 자랑하는 자는 이
> 것으로 자랑할지니 곧 명철하여 나를 아는 것과 나 여호와는 사랑
> 과 정의와 공의를 땅에 행하는 자인 줄 깨닫는 것이라. 나는 이 일을
> 기뻐하노라. 여호와의 말씀이니라(렘 9:23-24).

이것이야말로 참 신학으로서, 이 신학만이 믿음과 헌신에 불을
붙일 수 있다.

제2부. 　　　　　　　　　설교자에게 예수는 누구신가?

II. 죄

문. 첫 설교자는 어떻게 죄를 지었습니까?
답. 설교의 열매를 따서 자기 즐거움을 위해 먹었습니다.

❖

내가 네게 먹지 말라 명한 그 나무 열매를 네가 먹었느냐?

창 3:11

아담은 설교자로 부름받았다. 동산에서 하나님의 진리를 피조물
에게 선포하는 자로 구별되었다. 그는 하나님이 선포하신 뜻을
하와에게 전달함으로 섬겨야 했고, 하나님의 형상을 지닌 존재
로서 함께 피조물을 사랑하고 섬기며 충만케 해야 했다. 청지기
로서 그분의 말씀에 따라 그분의 뜻을 시행해야 했다.

물론 그들은 실패했다. 아담과 하와는 하나님이 아닌 사탄에
게 귀를 기울였다. 순종의 풍성한 열매를 보았으면서도 아집의
쓴 열매와 바꾸어 버렸다. 선악과는 모든 것을 약속하는 듯했지
만, 결국 남은 것은 죄책감과 수치심과 두려움뿐이었다.

설교단이라고 죄에서 안전한 것이 아니다. 오히려 그 반대다.

설교를 준비할 때와 전할 때 온갖 종류의 악이 생겨난다. 첫 두 사람처럼 우리도 설교의 불법적인 열매를 움켜잡으며, 그 결과는 파괴적이다.

1674년, 런던의 목사였던 토머스 빈센트Thomas Vincent는 『웨스트민스터 소요리문답』의 가르침에 살을 붙이기 위해 주를 달았다.◈ 그는 아담과 하와가 하나님을 저버린 방식을 일곱 가지로 상술했다.

1. 거역: 주권자이신 주께 반항했다.
2. 반역: 마귀의 편에 서서 하나님을 대적했다.
3. 야심: 하나님처럼 되려 했다.
4. 사치: 열매를 맛보길 욕망했다.
5. 불신앙: 하나님이 경고하셨음에도 마귀를 믿었다.
6. 배은: 이 열매만 원하고, 다른 모든 나무 열매를 선물로 주신 하나님의 선하심은 뿌리쳤다.
7. 살인: 자신들과 모든 자손에게 죽음을 몰고 왔다.◎

그러나 잠깐 기다리라. 이 목록을 설교자의 부르심에 적용하며 이 죄들을 우리 자신에게 해당시키는 것은 좀 지나친 처사가 아

◈ Thomas Vincent, *The Shorter Catechism Explained from Scripture*(Edinburgh: Banner of Truth, 1980). 『성경 소요리문답 해설』, 홍병창 옮김(서울: 여수룬, 1988).
◎ 같은 책, p.58.

닌가? 실제로 물질적 안락을 위해 설교하는 사역자가 얼마나 되겠는가? 누가 감히 설교로 하나님을 거역하겠는가? 남의 설교를 훔치거나 여성 교인에게 정욕을 품는 설교자는 소수에 불과하다. 이로 인해 하나님을 찬양하라. 우리는 성령이 우리의 사역을 인도하시는 것과 우리에게 능력 주시는 것을 알고 있다. 말씀을 선포함으로써 하나님께 영광을 돌리고자 양심적으로 기도하며 성실하게 열심히 일할 때가 많다. 그렇다고 해서 우리는 안전하다고, 우리 마음은 항상 청결하다고 할 수 있을까?

모든 설교자는 말하자면 그 나무로 돌아가고 싶어 하는 깊은 본능을 가지고 있다. 순종으로 부름받았지만 불순종을 상상하며 그 길로 가고 싶어 한다. 설교로 하나님을 섬기도록 부름받았지만 나를 섬기는 데 사용하고 싶을 때가 아주 많다. "때를 얻든지 못 얻든지" 말씀을 설교하도록 부름받았지만(딤후 4:2), 상황이 여의할 때는 충실해도 여의치 못할 때는 충실치 못한 이른바 '맑은 날만 설교자'가 되곤 한다. 하나님의 말씀을 내 목적에 끌어다 맞추는 죄도 짓는다. 통제와 위로와 인정을 바라는 갈망이 마음속 깊이 자리잡고 있다.

마지막 아담은 죄도 없고 두려움도 없는 설교자셨다. 항상 아버지께 순종하고 청중을 섬기면서 하나님의 말씀을 전하셨다. 그 말씀에 대한 충성심 때문에 또 다른 나무인 십자가로 나아가 우리 죄를 지고 죽으셨다(벧전 2:24). 심지어 그 나무에 달려서도 기도하고 용서하면서, 사랑할 것을 명하면서 사랑의 말씀을 전

설교자에게 예수는 누구신가?

하셨다(눅 23:34, 43, 요 19:27). 아담이 실패한 자리에서 순종하심으로써 생명나무로 나아갈 권세를 단번에 얻으셨다(계 22:14). 우리는 단지 죄인들에게 설교할 은혜를 받기 위해서만 그분께 나아가는 것이 아니다. 설교자로서 짓는 죄를 사함받는 은혜를 받기 위해서도 나아간다.

모든 설교자에게는 점검의 시간이 필요하다. 나는 어떻게 설교하고 있는가? 왜 설교하고 있는가? 거룩한 설교 사역을 나 자신을 섬기는 거룩하지 못한 활동으로 격하시킨 것은 아닌가? 죄가 우리 설교에 기어들어 오지 않았는지 평가하도록 도와줄 질문이 몇 가지 있다.

1. 사람들이 내 설교에 감사를 표할 때 어떤 마음이 드는가? 그 즉시 그들에게 복 주신 하나님께 조용히 감사드리는가? 설교자로서 이 정도 기량을 갖춘 자기 자신을 치하하는 것은 아닌가?

2. 형편없는 설교를 했을 때 큰 충격을 받는 이유가 무엇인가? 그리스도의 양떼를 먹이지 못했다는 생각 때문인가? 내 자아가 위무받지 못했기 때문인가?

3. 청중을 섬기기 위해 설교하는가, 내가 설교하고 싶어서 설교하는가? 설교 본문을 정할 때 청중의 필요에 맞는 본문을 선택하는가, 내가 선호하고 잘 설교할 수 있는 본문을 선택하는가?

4. 내 설교에 대해 아프지만 맞는 비판을 들을 때(내가 직접 듣든 전해 듣든) 보이는 첫 반응이 화를 내며 자기 연민에 빠지는 것인

가, 설교자로서 성장할 기회를 주신 성령으로 인해 감사하는 것인가?

5. 청중에게 더 효과적으로 다가가기 위해 설교의 말투와 스타일을 바꾸거나 길이를 줄이는가? 자존심과 두려움에 사로잡혀 늘 똑같이 설교하는 것은 아닌가?

6. 가장 가까운 이들(아내나 교회 지도자들)에게 내 설교에 대해 묻는 용기를 낸 적이 있는가? 솔직하고 애정 어린 의견을 들을 준비가 되어 있는가? 지금 모습 그대로 내 사역을 정당화하고 싶은 것은 아닌가?

이것은 불편한 질문이다. 그러나 스스로 던져 볼 필요가 있다. 성령은 하나님 앞에서 전혀 두려워할 필요가 없다고 말씀하시며 우리의 상한 마음을 안심시켜 주신다. 그리스도를 위해 더 참된 설교자가 되는 은혜를 우리에게 베풀어 주시길!

12. 연약함

문. 분투하는 설교자에게 주시는 좋은 소식은 무엇입니까?
답. 복음은 참될 뿐 아니라 항상 우리를 위한다는 것이며, 특
히 월요일에 그렇다는 것입니다.

❖

우리가 이 보배를 질그릇에 가졌으니 이는 심히 큰 능력은 하나님께 있고
우리에게 있지 아니함을 알게 하려 함이라.

고후 4:7

월요일은 설교자에게 침체의 날이다. 아무 설교자한테나 물어
보라. 냉정히 돌아보면 우리가 원하고 바랐던 수준에 얼마나 못
미쳤는지 알게 된다. 주일에 온 힘을 쏟고 나면 지치고 (자주) 초
조해져서 어디론가 사라지고 싶어진다. 기진한 것처럼 느껴지고,
실제로도 기진한다.

설교는 그만큼 사람을 완전히 집어삼키는 일이다. 즐겁기도
하지만 큰 위험이 따른다. 설교자는 대부분 자기 부르심을 사랑
한다. 설교는 버거운 책임인 동시에 큰 기쁨이다. 많은 목사들이

설교 없는 은퇴 생활을 생각하고 싶어 하지 않는다. 꼭 설교하지 못한다고 해서 걱정하는 것은 아니다. 즐겁게 사역하는 설교자는 자기 입증을 위해 설교하지 않는다. 훌륭한 설교자일수록 남의 설교를 기쁘게 듣는다. 자기 입증을 위해서라면 **굳이** 설교하지 않아도 된다. 단지 설교의 열망이 자기 인생을 집어삼켜 버렸기에 설교하려는 것이다.

복음적인 교회에서 간혹 설교 사역과 거기 따르는 대가를 얼핏 보게 되는 교인들은 거의 매번 놀랄 뿐 아니라 종종 충격을 받는다. "설교 준비에 **그렇게나 많은** 시간이 드나요?" 전도유망한 젊은 교역자에게 첫 설교를 시켜 보라. 설교할 주일이 다가올수록, 처음에 보이던 가벼운 자신감은 세상을 다 짊어진 듯한 초췌한 표정으로 바뀔 것이다. 내가 아는 이들 중에 압박이 심한 큰사업을 하다가 지금은 전임 설교자로 일하는 사람들이 있는데, 하나님의 말씀을 다루는 책임이 매주 얼마나 독특한 긴장을 유발하는지 토로하곤 한다. 설교단에 서 보지 않은 사람은 설교자의 직무에 따르는 책임이 얼마나 무거운 것인지 모른다.

현재 내 주일의 연료 두 가지는 은혜와 아드레날린이다. 주일 아침 일찍 눈을 뜨면 '내가 왜 설교자가 되었지? 집배원이나 해양 생물학자 같은 직업을 갖지 못했지?'라는 생각으로 마음이 술렁인다. 그렇게 자리에서 일어나 일찌감치 서재로 가서 기도하며 원고를 훑어본다. 그리고 은혜를 주시면 교회에서 내가 할 수 있는 최선의 설교를 한다. 저녁에 다시 한 차례 설교하고 나면, 또한 주일이 끝났다는 사실에 큰 안도감을 느낀다. 이런 특권을 주신 것에 감사하는 마음이 찾아오고 청중이 보여준 몰입의 표지들에 힘을 얻어 (대개는) 다음 주 준비를 처음부터 다시 시작하려는 열심이 솟아난다.

설교자들이 사랑하는 유명한 옛 문구가 있다. 미국 목사 필립스 브룩스Phillips Brooks는 "누구든 설교로 부름받은 자는 왕의 자리로 내려앉지 말라"라는 유명한 말을 했다. 이것이 설교자의 임무를 얼마나 지지해 주는 말인지 알기에 나는 이 말을 사랑한다. 설교야말로 영광에 이르기 전 세상에서 받을 수 있는 가장 높고 좋은 부르심이라는 것이 나의 열렬한 믿음이다.

그런데 우리의 월요일은 어떠한가? 어떤 설교자들(그리고 그들이 읽는 설교 관련 서적들)은 월요일의 좌절을 단순히 일축해 버린다. 그들이 추론하는 방식은 이런 것이다. "당신은 지쳐 있다. 마귀의 공격을 받고 있다. 어쨌든 쉴 필요는 있지만, 전부 잊어버리고 앞으로 나아가라." 부분적으로는 그 말도 맞다. 설교자는 엄청나게 비축된 정신의 에너지를 끌어다 쓴다. 설교 전후와 설교하는 동안 아드레날린이 솟구쳐 나와 두뇌와 육체를 휘감는다. 설교단에서 내려와 청중과 교류하는 것 또한 부담이다. 멍하니 서서 커피를 마시며 대화하고자 애를 쓴다. 정신은 여전히 술렁인다. 설교를 잘한 것 같으면 들뜨고 망친 것 같으면 위축된다. 어쨌든 설교의 부담은 벗었다. 그리고 마침내 맞이한 월요일은 대개 개운치 못하다.

마틴 로이드 존스Martyn Lloyd-Jones는 자기 설교를 듣기 위해 굳이 길을 건너는 수고를 하지 않겠다고 했다. 에릭 알렉산더Eric Alexander도 설교단에서 내려올 때 "주님, 죄송합니다"라고 말하고 싶은 충동을 가장 먼저 느낀다고 고백했다.◈ 주일 사역에 대해 큰 소리로 양해를 구하고, 최대한 빨리 그 기억에서 도망치고 싶어 하는 이들도 있다.

그러나 설교한 후 너무 급히 아드레날린을 잃는 정신적 탈진 상태로 주저앉지 말자. '설교는 너무나 탈진되는 일'이라는 것 외에도 우울한 월요일이 말해 주는 바가 있을 것이다. 우울하고 가라앉은 기분이야말로 우리가 가장 기억해야 할 사실―우리는 언제나 구주가 필요한 연약한 죄인이라는 사실―을 일깨워 주지 않는가? 월요일에 우리 마음이 그토록 낮게 가라앉는 것은 실제로 우리가 낮은 수준에 있는 탓이다. 월요일에는 우리가 배워야 할 은혜의 교훈이 있다.

우리에게는 월요일의 복음이 필요하다. 우리 자신뿐이라면 아무 소망이 없다. 죄와 비참이 우리 삶 속에서 순환하고 있다. 죄와 비참은 설교자의 인생길에도 찾아온다. 우리는 상한 세상에 살고 있으며, 자주 부인하려 들지만 우리 또한 상한 자들이다. 설교의 사명은 그렇게 상한 우리와 청중의 삶을 가까이 살펴보라는 부르심이다.

◈ Derek J. Prime and Alistair Begg, *On Being a Pastor: Understanding Our Calling and Work*(Chicago: Moody Publishers, 2004), p.141에서 인용.

설교자에게 예수는 누구신가?

그러나 복음은 소망의 메시지를 외치며 노래한다. 한 대속자가 계신다. 하나님이 택하신 백성을 위해, 그리스도가 충만한 구원의 은혜를 가지고 오셨다. 그분이 살아 계시고 구원하시며 그 백성을 사랑해 주신다. 그분은 우리를 위해 죄로 찢긴 세상 속의 가시와 찔레를 감당하셨다.

하나님을 떠나 독립하려는 우리의 모든 어리석은 노력이 십자가에 달리신 그분의 머리 위에 올려졌다. 그분이 우리를 위해 상하셨다. 설교자를 위해서도 상하셨다. 우리에게 필요한 모든 은혜가 그분께 있다.

설교자는 여기에서 멈추어 잠시 숙고해야 한다. 월요일의 기분이 알려 주는 사실에 귀를 기울이라. 설교한 후에 가라앉는 마음을 정신적·육체적 탈진으로 급히 치부해 버리지 말라. 물론 탈진한 것도 맞을 것이다. 그러나 또한 당신은 죄인이다. 최선을 다해 가리려 했음에도 자신은 은혜가 필요한 죄인에 불과함을 설교를 통해 상기하게 되었는가? 그렇다면 중대한 발견을 한 것이다. 사실상 회중은 내내 그 사실을 알고 있었다. 그런데도 계속 사랑해 준 것이 다. 이제 그 사실을 상기하게 되었다면 그들의 사랑을 놀랍게 여기고, 예수 그리스도 안에 있는 하나님의 사랑은 더더욱 놀랍게 여기라. 그리스도가 오셔서 일하시고 죽으시고 다시 살아나셨다. 그분이 하늘에 올라가 당신 같은 설교자를 위해 중보하고 계신다.

13. 예수를 알라

문. 예수는 설교자를 사랑하십니까?

답. 예수는 우리를 사랑하십니다. 그분의 위격과 직분이 그 사
랑을 보여줍니다.

❖

그도 또한 같은 모양으로 혈과 육을 함께 지니심은 죽음을 통하여 죽음의
세력을 잡은 자 곧 마귀를 멸하시며.

히 2:14

예수 그리스도는 설교자를 사랑하신다. 그분은 우리 모든 사람
의 죄를 위해 죽으셨고, 우리 모든 사람을 사랑하시며, 그분의 이
름으로 섬기는 모든 일을 기뻐하시고, 그분의 말씀을 전하는 데
필요한 모든 은혜를 베푸신다. 우리의 첫 번째 부르심은 그분을
설교하는 것이 아니라 그분을 사랑하고 그분과 동행하는 것이
다. 새뮤얼 러더퍼드Samuel Rutherford의 말 그대로 "그분을 바라보고
사랑하라! 오, 사랑하라. 그리고 살라."❖

예수를 바라보고 사랑하라. 예수를 알고 즐거워하며 설교를

준비하고 전하노라 간증할 수 있는 시기가 설교자의 삶에 찾아온다. 말씀을 통해 그분을 연구할 뿐 아니라 성령을 통해 그분이 가까이 계심을 느끼는 가운데 부활하신 주님과 교제하고 있음을 마음속 깊이 감지함으로써 설교 준비 시간이 풍성해질 수 있다.

이런 세상에서 이런 마음으로 그분을 추구하라는 것은 너무나 명확하면서도 힘든 부르심이다. 모든 설교자는 설교를 통해 그리스도께 점점 더 가까이 나아가게 될 것을 진심으로 믿으며 사역을 시작한다. 그렇게 한 주가 지나가고 한 해가 지나가며 수십 년이 흘러간다. 그 사이에 가정의 위기를 겪기도 하고, 결혼생활의 고통을 경험하기도 하며, 자녀와 갈등하기도 하고, 독신생활의 시련에 맞닥뜨리기도 한다. 비판하는 마음이 서서히 타오르기도 하고, 다른 지도자들이나 교인들과의 관계에 긴장이 발생하기도 한다. 유혹에 질질 끌려가기도 하고, 사역의 실패감에 압도당하거나 때로 짓눌리기도 한다. 물론 격려도 많이 받고 은혜의 표지도 아주 많이 보지만, 허다한 설교자에게 익숙한 삶의 풍경은 분투하는 것이다. 오, 그렇다. 주님은 이 모든 압박을 사용하실 뿐 아니라 우리를 자신에게로 훨씬 더 가까이 이끄실 수 있다. 그러나 종종 오래가는 어려움과 시련으로 인해 지치고 확신과 동기가 약해져 영적으로 메마르는 설교자들이 많다.

❖ Samuel Rutherford, *The Loveliness of Christ* (Edinburgh: Banner of Truth, 2009), p.47.

주님도 이것을 아신다. 그래서 우리를 염려하신다. 우리는 비참한 죄인으로서 칭의를 얻기 위해 그분께 나아갔던 것처럼, 연약한 제자로서 계속 그분께 나아가야 한다. 뛰어난 설교를 했다고 의로워지는 것이 아니며, 형편없는 설교를 했다고 정죄받는 것 또한 아니다. 우리의 힘은 무엇인가? 예수, 오직 예수시다. 우리의 믿음이나 은사가 아니다. 복음의 종으로서 이룬 실적이나 다른 무엇이 아니다. 그러므로 힘을 되찾으려면 예수께로 돌아가 그분을 바라보고 살아야 한다.

주님은 얼마나 경이로운 분이신지 모른다. 『웨스트민스터 소요리문답』은 그리스도의 충만한 신성과 인성과 성육신 및 선지자요 제사장이요 왕으로서 하시는 일에 대해 세 가지 문답을 제시한다. 그 진리는 마치 우리의 묵상과 예배를 위해 준비된 잔치처럼 풍성하고 심원하다.

제21문. 하나님이 택하신 자들의 구속자는 누구십니까?
　　답. 하나님이 택하신 자들의 유일한 구속자는 주 예수 그리스도십니다. 그분은 영원하신 하나님의 아들로서 사람이 되심으로, 영원토록 구별되는 두 본성을 한 위에 지니신 신인神人이 되셨습니다.

제22문. 하나님의 아들이신 그리스도는 어떻게 사람이 되셨습니까?
　　답. 하나님의 아들이신 그리스도는 참된 몸과 이성적인 혼을 취하시고, 성신의 능력으로 동정녀 마리아의 태에 잉태되어 그에게서 태어나심으로 사람이 되셨으나, 죄는 없으십니다.

제23문. 그리스도가 우리의 구속자로서 수행하시는 직분은 무엇입니까?

답. 그리스도는 우리의 구속자로서 선지자와 제사장과 왕의 직분을 수행하시되, 낮아지신 때나 높아지신 때나 동일하게 수행하십니다.◈

예수가 우리의 선지자시요 제사장이시요 왕이시라는 이 진리가 얼마나 놀라운지 모른다. 그 근거가 되는 단일 본문을 찾고 싶다면 히브리서 2:12-17을 보라. 그리스도는 선지자로서 하나님의 뜻을 선포하신다. 그분은 천사가 아니요, 우리 육신을 입고 우리 본성을 공유한 신인神人이시다. 항상 진리로 하나님을 높이셨고, 목숨이 위험할 때도 그렇게 하셨다. 그리고 오늘날도 말씀을 통해 성령의 능력으로 진리를 알려 주신다. 또한 그분은 우리의 제사장으로서 하나님 앞에 죄 없이 사셨으며, 십자가에서 자기 몸으로 속죄의 제사를 드리셨다. 그리고 우리의 왕으로서 죽음을 이기셨고, 그분을 믿기 전에 우리 모든 사람을 지배했던 죽음의 권세를 깨뜨리셨다. 이 왕이 우리 삶을 다스리시며, 하나님 보시

◈ 『웨스트민스터 소교리문답』, 제21-23문답.

기에 옳은 일을 하도록 우리를 부르신다. 어둠의 때에도 그럴 수 있도록 성령을 후히 내려 주신다.

설교자라면 누구나 죽음의 권세를 알고 있다. 히브리서 2:15은 "죽기를 무서워하므로 한평생 매여 종노릇 하는 모든 자들을" 구원하신 예수의 승리에 대해 이야기한다. 이 표현이 익숙하게 느껴지는가? 당신은 죽음의 공포가 청중에게 드리운 것을 본다. 본인의 삶 속에서도 경험한다. 또 어떤 "죽음들"이 당신을 두렵게 만드는가? 힘든 일인가? 실패인가? 비난인가? 설교자는 두려움덩어리다. 매일 예수와 동행해도 그 두려움은 사라지지 않는다. 그러나 그분의 다스림을 받는다.

이런 진리들을 알아야 할까? 꼭 알아야 한다. 단지 알 뿐만 아니라 당신의 영혼을 형성하게 해야 한다. 옛말(토마스 아퀴나스 Thomas Aquinas가 한 것으로 알려진 말)이 확언하듯이 "모든 참된 신학은 하나님을 가르치고, 하나님이 가르치시며, 하나님께로 이끈다." 그 진리를 받아들이라. 하나님의 말씀이신 예수 그리스도가 모든 진리를 계시하시며, 그 진리를 통해 우리를 자신과 아버지께로 인도하신다는 사실을 기억하라.

그러므로 그리스도를 당신 앞에 모시라. 그분을 연구하고 그분께 아뢰라. 그분께 마음을 드리라. 피터 마터 버미글리 Peter Martyr Vermigli는 말한다. "우리는 하나님의 선하심으로 인해 너무나 고귀한 군주이자 너무나 위대한 형제의 깃발 아래 행복한 군대로 소집되었다. 그분이 호의와 큰 능력을 아끼지 않고 베풀어 우리를

도우실 것이다. 자신을 온전히 그분께 내드리자."◈

　1650년, 잉글랜드의 한 사업가가 스코틀랜드 여행을 다녀왔다. 그는 친구에게 세 사람의 설교를 들었는데, 한 사람은 하나님의 위엄을 보여주었고, 또 한 사람은 "내 마음을 전부 보여주었으며", "금발에 키가 작은 한 사람은 그리스도의 사랑스러움을" 보여주었다고 했다.◎ 금발에 키가 작은 그 사람은 새뮤얼 러더퍼드였다. 설교의 책무는 하나님이 누구신지, 우리가 하나님께 얼마나 부족한 존재인지, 따라서 우리에게 얼마나 하나님이 필요한지 보여주는 것이다. 엄청난 구원의 은혜를 베푸시는 그리스도를 보여주는 것이다. 러더퍼드의 말처럼 우리는 그분을 바라보고, 사랑하며, 산다.

　청중의 가장 절실한 필요이자 우리의 중대한 사명이 바로 이것이다. 그분을 먼저 알아야 한다.

◈　Peter Martyr Vermigli, *The Peter Martyr Reader*, ed. John Patrick Donnelly, Frank A. James III, and Joseph C. McLelland(Kirksville, MO: Truman State University Press, 1999), p.14.

◎　Alexander Whyte, *Samuel Rutherford and Some of His Correspondents*(Edinburgh: Oliphant Anderson and Ferrier, 1894), p.10.

14. 그 이름을 위하여

문. 설교자가 꼭 고난받을 필요는 없지 않습니까?
답. 고난을 선택하신 주님을 따라가며 모든 도움을 받는 것 외에 다른 선택은 없습니다.

❖

그리스도를 위하여 너희에게 은혜를 주신 것은 다만 그를 믿을 뿐 아니라 또한 그를 위하여 고난도 받게 하려 하심이라.

빌 1:29

나는 그의 사무실에 앉아 있었다. 그는 조금은 냉정하고 엄격하지만 애정이 깊은 사람으로 알려진 아주 유명한 설교자였다. 스물한 살 청년이었던 나는 불안했다. 그는 내가 정말 설교로 부름받았는지 크게 확신하지 못했다(적어도 그의 엄격한 태도를 보고 해석한 바로는 그랬다). 내가 말하는 동안 그는 클립보드에 무언가 기록했다. 왜 기록하는지 몰랐지만, 나 자신이 초라하게 느껴졌다. 그의 말 중에 딱 한 가지가 기억나는데, 설교자가 되려면 장시간 노동에 익숙해지는 편이 좋다는 것이었다. 그렇다. **장시간**

설교자에게 예수는 누구신가?

이라고 했다.

나는 아연했다. 내가 듣고 싶었던 말은 조언과 격려였다. 경고를 듣더라도 '좀 힘든 일'이라는 것보다는 훨씬 더 두려운 상황에 대한 것이길 바랐다. 힘들게 일하는 사람들 주변에서 자랐기에 그 부분에는 충분히 준비가 되어 있었다. 나한테는 시간이 문젯거리가 되지 않으리라는 것을 알았다. 그래도 적당한 고난은 있으리라 예상했다. 몇 년 후 내가 배운 바는 '설교자가 된다는 것은 예기치 못한 문제를 일으키는 사람들 속에 들어가는 일'이라는 것이었다.

설교자는 예수를 사랑하고 예수와 동행하도록 부름받는다. 이것은 분명한 사실이다. 그러나 동시에 설교자가 발견하는 사실은 이 부르심이 생각보다 훨씬 더 힘들다는 것이다. "그분을 믿을 뿐 아니라 설교하도록" 부름받았다는 생각은 모두 했을 것이다. 그러나 실제 겪을 고난에 대해 알려 주는 이는 없었다.

설교자는 고난을 당한다. 급히 덧붙이자면, 설교자뿐 아니라 모든 사람이 고난당한다는 것을 나도 알고 있다. 성경이 밝히듯이, 신자와 불신자가 공히 발견하는 현실은 삶이 공정하지 않고 사람들이 합당한 대우를 받지 못한다는 것이다. 믿음에는 다루고 싶지 않은 많은 현실을 다루는 일이 포함되어 있다.

그럼에도 설교자는 유독 분투할 일이 많은 것 같다. 설교하는 여러 친구들을 생각하며 기도할 때마다 괴로운 싸움이 어찌나 많은지 말문이 막힐 정도다. 본인과 가정이 심한 침체와 오랜 질병(정신적 질병과 육체적 질병), 재정 문제와 과중한 업무에 시달린다. 하나님의 말씀을 다루는 일에 종사하지 않는 다른 친구들의 상황과 그들의 시련을 비교해 볼 때, **왜 항상 우리한테만 벼락이 떨어지는 것 같은지** 묻지 않을 수가 없다.

나는 지금 불평하는 것이 아니며, 당사자들도 마찬가지다. 부르심에 값하는 설교자는 동정을 바라지 않는다. 그러나 이 부르심을 따르는 모든 설교자는 장차 고난이 있으리라는 사실과 아마도 고난과 한 지붕 아래 살게 되리라는 사실을 알 필요가 있다. "고난을 받으라"는 사도가 밝힌 사역의 신조였다(딤후 2:3, 4:5).

고난을 받으라. 다이어트나 운동처럼 고난이 유익하기 때문이 아니다. 예수가 고난을 받으셨고, 우리는 그분의 거룩한 형상을 닮아가도록 부름받았기 때문이다. 그분은 "고난을 통하여 온전하게" 되셨다(히 2:10). 이 말은 예수가 인간의 본성을 입고 우리가 당하는 모든 시험을 당하시며 우리가 겪는 모든 슬픔을 겪으심으로써 참된 중보자의 자격을 얻으셨다는 뜻이다. 오직 그 때 십자가에서 "흠 없는 자기를 하나님께" 드리실 수 있었다(히 9:14). 그분의 고난은 그분의 모든 백성이 따라야 할 본*이다.

능하신 하나님이 연약한 아기가 되셨다. 어떤 권리나 특권도 없이, 위로도 거의 받지 못하면서, 상상할 수 있는 온갖 공격을 악한 자에게 받으셨다. 미움과 거부를 당하셨고, 죽음의 자리까지 끌려가 죽임을 당하셨다. 예수는 이런 분이시다. 사랑이 그분을 고난의 자리로 데려갔다.

다른 사람들을 향한 사랑이 그분을 세상으로 이끌었고, 자기를 돌아보지 않은 채 남의 필요를 채우게 했으며, 동정同情의 제단 위에서 단번에 자기를 희생하게 만들었다. 자기 희생이 그리스도를 세상에 오시게 했다. 그리고 자기 희생이 그분의 제자인 우리 또한 사람들을 멀리하는 것이 아니라 오히려 그들 가운데로 들어가게 할 것이다. 우리는 사람들이 고난당하는 모든 곳에서 위로할 것이다. 사람들이 분투하는 모든 곳에서 도울 것이다. 사람들이 넘어지는 모든 곳에서 일으킬 것이다. 사람들이 성공하는 모든 곳에서 기뻐할 것이다. 자기 희생의 길은 영광의 길이다.◈

우리는 그분이 부르시는 자리로 가야 한다. 설교의 부르심을 편안한 삶의 티켓으로 여기지 말라. 설교의 흥분을 지루한 삶의 아드레날린 처방으로 여기지 말라. 설교를 마음이 탐하는 지지支持의 수단으로 삼지 말라. 그분은 훨씬 더 큰 일로 우리를 부르신다. 우리 자신을 버려 그분을 섬기고 남을 섬기도록 부르신다. 그 섬김에서 장시간 노동은 오히려 쉬운 요소다. 사람들의 냉담과 거부에 직면하면서, 자기 영육의 탈진과 명백히 부족한 은

◈ B. B. Warfield, "Imitating the Incarnation," in *The Savior of the World*(Edinburgh: Banner of Truth, 1991), p.270. 『워필드 명설교』, 원광연 옮김(파주: 크리스천다이제스트, 1998).

사로 인한 실망감에 직면하면서, 해마다 이 모든 것에 직면하면서, 설교자의 삶은 점점 힘들어진다. 클립보드에 기록하던 그 설교자는 누군가 내 초기 설교를 듣다가 뇌졸중을 일으킬 것이라거나, 교인들이 야유를 보낼 것이라거나, 특정인이 매주 졸 것이라거나(종종 코까지 골면서), 어떤 가정이 설교를 듣자마자 조목조목 비판할 것이라고(때로 나한테까지 들릴 정도로 큰 소리로) 경고하지 않았다. 무엇 때문에 장차 겪을 슬픈 일을 전부 알려 주겠는가? 아니, 기쁜 일이라고 해서 미리 알려 줄 필요가 있겠는가? 다른 모든 설교자들처럼 나도 신나는 일과 비통한 일을 다 겪을 텐데 말이다. 그리고 성령이 그 모든 일을 사용하여 '설교는 하나님이 교회를 세우기 위해 정하신 특별한 수단'이라는 내 확신을 더 굳게 만드실 텐데 말이다.

그 길에서 겪을 약간의 고난은? 약간의 눈물과 잠 못 드는 밤과 여러 가지 좌절은? 예수 그리스도께 영광을 돌리고 그분의 백성을 집으로 안전히 인도할 수 있다면, 힘을 내서 한번 감당해 보자.

설교자에게 예수는 누구신가?

15. 상급

문. 우리의 상급은 어디에서 옵니까?
답. 우리의 상급은 높임을 받으신 그리스도께로부터 오는 것
　으로서, 그리스도 자신이 바로 상급이십니다.

❖

네 눈은 왕을 그의 아름다운 가운데에서 보며 광활한 땅을 눈으로 보겠고.

사 33:17

고난은 종종 우리의 실상을 검증하는 강력한 시금석이 된다. 고
난은 우리의 가치와 믿음과 마음을 폭로한다.

그러나 우리의 실상을 확실히 더 효과적으로 드러내는 시금
석은 성공이다. 성공을 경험할 때 우리가 설교하는 진짜 이유가
드러난다. 성공은 우리가 교만한 사람인지, 진정 겸손하고 감사
하며 신뢰하는 사람인지 검증한다.

성공이 어떻게 실상을 드러내는지 세상과 성경은 거듭해서
보여준다. 세상에서는 공직을 얻고자 열심히 일하던 정직한 정
치인이 그토록 희생해 가며 얻으려 했던 직책을 막상 얻은 후 타

락하는 사례를 수도 없이 볼 수 있다. 성경에서는 이스라엘 백성이 약속의 땅에 들어가 정복에 성공하자마자 안주하여 거짓 종교에 빠지는 모습을 보게 된다. 기드온과 다윗과 솔로몬도 성공을 맛본 후에 무너져 참담한 죄를 지었다.

성공은 많은 사상자를 낸다. 교만과 이기심이 생길 수 있다. 성공 때문에 오히려 무너질 일이 생긴다면 모를까, 성공하고도 무릎을 꿇는 경우는 드물다. 예수는 땅에 계실 때 성공을 믿지 않으셨고 세상의 기준에 따라 성공을 추구하지도 않으셨다. 그분께는 잃은 자들을 구속하기 위해 겸손히 하나님을 섬기며 믿는 것이 곧 성공이었다.

그리스도인의 확신은 예수가 보여주신 삶의 본＊대로(천국의 삶까지 포함하여) 우리도 살게 된다는 것이다. 성령으로 그분과 연합한 자는 그분이 겪으신 모든 일―고난과 섬김과 죽음, 그리고 부활하여 상급을 받으신 일―을 겪으며 그 본을 따라 살게 된다. 그리스도께 죽음이 끝이 아니었던 것처럼 우리에게도 죽음은 끝이 아니다. 우리는 언젠가 그분과 함께 있을 것이며 그분처럼 될 것이다(요일 3:2).

우리는 천국에 대해 생각하고 그분에 대해 이야기할 필요가 있다. 심판이 사실이 아니요 천국의 상급이 영원한 것이 아니라면, 복음은 아무 의미도 없고 능력도 없는 것이 된다. 청중이 자신들의 시련과 눈물을 이 관점에서 바라보도록 돕지 못하는 설교자는 그들을 저버리는 것이다. 자기 사역을 이 관점에서 바라보지 못하는 설교자는 대단한 사역을 하든 실망스러운 사역을 하든 경주를 다 마치지 못하고 참된 상급을 놓칠 큰 위험에 빠질 것이다.

대부분의 그리스도인들이 천국을 거의 생각하지 않으며 상급은 더더욱 생각하지 않는다. 설교자라고 다르지 않다. 나이가 들면 영원한 세계에 관심이 생기리라 예상할지 모른다. 그러나 오랜 세월 장래의 삶에 집중하지 않고 살던 사람이 나이가 든다고 더 큰 믿음을 발휘할 수는 없다. 오히려 많은 이들이 죄책감과 두려움에 사로잡힌다. 그저 일반적인 의미에서 천국이 "멋진" 곳이길 희망할 뿐이다.

그러나 멋진 정도가 아닐 것이다. 확실히 영광스러울 것이다. "주께서 은혜의 상급으로 [신자에게] 주실 영광은 사람의 마음으로 결코 생각할 수 없는 것이다."◈ 예수가 상급이시다.

이사야 시대에 믿음의 불꽃은 사그라들었다. 백성은 자기 문제에 매몰되었고, 그 때문에 산만해졌다. 그들은 여호와를 원치 않았으며, 그분이 종들을 통해 주시는 말씀도 원치 않았다. 이사야는 조롱을 비롯한 여러 형태의 적개심에 직면할 것을 알았다. 이사야서 33장에 이르러 그들의 나라는 위기에 봉착한다. 당시의 초강대국 앗수르와 맺은 동맹을 깨뜨렸다가 그들의 분노에 맞닥뜨린 것이다. 그때 하나님이 예기치 못한 소망의 팡파르를

◈ Belgic Confession(1561), art. 37, in *The Three Forms of Unity*(Birmingham, AL: Solid Ground Christian Books, 2010), pp.62-63.

울리며 선지자와 백성에게 놀라운 약속을 주신다. 하나님은 자신이 얼마나 믿을 만한 분인지 선포하신 후(5-6절), 이렇게 공표하신다.

네 눈은 왕을 그의 아름다운 가운데에서 보며
광활한 땅을 눈으로 보겠고(17절).

왕과 땅을 주시겠다는 것이다. 가뜩이나 좁은 땅이 공세에 시달리고 있고 많은 왕들은 하나같이 실망스러운데, 과연 이 약속을 이루실 수 있을까? 당신의 사역을 한번 돌아보라. 당신은 자주 크게 실망한다. 청중을 둘러볼 때 자기 설교가 어찌나 어리석어 보이는지 속에서부터 신음이 흘러나온다. 하나님이 과연 나를 그분이 원하시는 설교자로 만드실 수 있을까? 내 노력을 인정하고 상급을 주실까? 하나님이 이사야를 통해 백성에게 말씀하신 대로, 그 대답은 그렇게 하신다는 것이다. 그렇다. 하나님은 당신의 상급을 보장하신다.

장 칼뱅은 이 구절을 다음과 같이 주석한다.

지금은 악인들이 권력을 휘두르며 모든 것을 차지하고 하나님의 참된 종들을 억압하는 까닭에 안전하게 발 디딜 곳이 한 군데도 없지만, 그럼에도 굳은 소망을 가지고 마침내 밝고 장대한 보좌에 앉아 자기 백성을 영화롭고 부요하게 하실 우리 왕을 바라보아야 한다.◆

설교자에게 예수는 누구신가?

모든 설교자는 사역의 성공을 위해 일하며 기도해야 한다. "충실함"을 가장하여 실패를 마음 편히 받아들이는 거짓 경건을 폭로할 필요가 있다. 리처드 백스터Richard Baxter는 말한다. "계속 일하는데도 수고의 열매를 보지 못하는 상황에 만족하는 것은 자기본위적인 거짓된 마음의 표지다. 하나님은 누구보다 성공을 갈망하는 자의 사역에 복을 주신다."◎ 물론 더 많은 수확은 추수의 주인만 주실 수 있다. 그러나 우리는 사람들을 그리스도께로 인도하며 그리스도 안에서 세우기 위해 기도와 말씀을 사용할 수 있는 권한을 받았다. 설교자는 자신과 함께 예수를 기뻐하는 데서 자라가는 자들을 최대한 많이 데리고 천국으로 여행하길 원한다. 그것이 이 세상에서 우리가 거둘 성공이다.

그렇게 우리는 천국에 이를 것이며 우리 왕과 그분의 영토에 이를 것이다. 그분을 볼 것이요 그분처럼 될 것이다. 우리가 수고하고 기도하는 것은 바로 이를 위해서다.

❖ John Calvin, *Commentary on the Book of the Prophet Isaiah*, vol. 3, trans. William Pringle, in *Calvin's Commentaries*(Grand Rapids, MI: Baker, 1993), pp.32-33.
◎ Richard Baxter, *The Reformed Pastor*(Edinburgh: Banner of Truth, 1989), p.121.『참된 목자』, 고성대 옮김(파주: 크리스천다이제스트, 2016).

16. 견고한 토대

문. 그런데 우리는 구원받았습니까?
답. 우리는 구원과 관련하여 자신을 속여서도 안 되고 절망에
   빠져서도 안 됩니다.

❖

너희는 하나님으로부터 나서 그리스도 예수 안에 있고 예수는 하나님으로
부터 나와서 우리에게 지혜와 의로움과 거룩함과 구원함이 되셨으니.

고전 1:30

이 모든 문제가 어떻게 시작되었는지 아는 설교자는 거의 없지
만, 대다수가 자신의 목회생활에서 같은 문제의 흔적을 찾아낼
수 있다. 어디에선가 어떤 식으로든 자기 설교를 믿기 시작했던
것이다. 어느 시점부터인가 자신은 설교자이기에 하나님 앞에
자신 있게 설 수 있다고 생각했다. 하나님께 드릴 무언가가 있다
고 여겼다. 이를테면 말씀 선포로 의로워지는 양 착각했던 것이
다. 물론 우리는 이것이 어리석고 위험한 생각인 줄 안다. 그럼에
도 아론의 금송아지가 불에서 '나온' 것처럼(출 32:24), 애써 설교

설교자에게 예수는 누구신가?

를 준비하고 전하는 일을 반복하는 가운데 이런 잘못된 믿음이 '나온다'.

목회가 순탄히 이루어지고 청중도 따뜻한 미소를 보낼 때는 이 사실을 깨닫지 못한다. 그들도 설교를 사랑하고 우리도 설교를 사랑한다. 성경 연구 시간이 즐겁게 지나간다. 만사가 평안하고, 목회와 삶은 순조로우며, 주님도 미소를 보내신다.

그러다가 실망과 피로와 비판과 의심의 구름이—약간의 자기 이해에서 비롯된 구름까지—끼기 시작한다. 설교의 임무가 버거워진다. 자기 스스로 부흥의 전령이 되지 못할 것을 안다. 아무도 자신을 조지 윗필드를 잇는 위대한 설교자로 생각지 않는다. 이제야말로 무언가 깨달을 때가 온 것이다. 설교 사역을 시작한 지 두 달째, 혹은 20년째에 알게 되는 충격적인 사실은 자신이 설교를 믿고 있다는 것이다. 설교하기 때문에 하나님과 그분의 백성 앞에 능히 설 수 있다고 생각해 왔다는 것이다. 오, 너무나 잘못되었다.

우리는 설교로 하나님 앞에 떳떳한 존재가 되려 한다. 하나님의 말씀을 선포하는 거룩한 부르심이—그 부르심 자체를 믿을 때—"갈대 지팡이"가 되어 버린다. "사람이 그것을 의지하면 손이 찔리리니"(사 36:6). 우리 기대의 무게조차 지탱하지 못하는 설교로 구속의 무게를 지탱하기란 아예 불가능한 것이 확실하다. 구속은 예수의 일로서, 그 누구도 그 무엇도 그분을 대신하지 못한다.

예수는 구속자시며 앞으로도 늘 그러하실 것이다. 고린도전서 1:30은 구원의 진리가 담긴 풍성한 보고寶庫다. "너희는 하나님으로부터 나서 그리스도 예수 안에 있고 예수는 하나님으로부터 나와서 우리에게 지혜와 의로움과 거룩함과 구원함이 되셨으니." 설교자가 이 진리를 충분히 이해하기란 불가능하다. 그보다는 이 진리의 지배를 받음으로써, 성공했을 때는 교만을 제압하고 실패했을 때는 위로와 세움을 받아야 한다.

바울은 고린도전서 1장에서 감동적으로 보이는 수단과 인간의 능력을 추구하는 세상의 방식에 도전하며, 예수 그리스도의 십자가에 나타난 하나님의 능력과 지혜를 재천명한다. 죽어가는 세상에 십자가는 미련해 보이는 것이요 실제로도 미련한 것이지만, 믿는 자들에게 십자가는 하나님의 능력이다(18절). 바울은 겉보기에 지혜로운 자들로 가득한 세상이 결국 하나님을 알아보는 데 실패한다는 사실을 고린도 교인들에게 상기시킨다(20-21절). 지혜로워 보여도 사실은 어리석은 세상에 하나님은 십자가의 메시지를 주셨다. 이 메시지는 항상 논란을 일으키고 조롱을 당하며 반대에 부닥친다. 그러나 믿는 자들은 이 "어리석음"과 "약하심"이 실상은 하나님의 지혜요 능력임을 발견한다(22-25절).

설교자가 이 점을 얼마나 잘 상기해야 하는지 모른다. 인간의 지혜로는 하나님께 이르지 못한다. 하나님의 지혜로만 이를 수 있다. 구원은 십자가의 성취다. 우리가 이해하거나 깨달았다고 해서 인정받을 만한 일이 결코 아니다. 실제로 26-30절을 읽어 보라. 고린도 교인들처럼 자신을 자랑하고 싶은 유혹을 느낄 때, 사실상 자신은 특별한 존재가 아니요 하나님이 지혜롭고 강한 자들을 부끄럽게 하고자 택하신 약하고 미련한 자임을 기억해야 한다(27절). 우리의 문제는 자신을 과대평가하는 것이며, 우리의 위험은 그리스도와 십자가의 경이를 종종 과소평가하는 것이다.

이제 권면할 말은 이것이다. 설교로 의로워지려는 유혹을 받는다면 30절을 복용하기 바란다. 예수 그리스도와 그분 안에서 하나님이 베푸신 모든 풍성한 은혜를 숙고하라. 멈추어 묵상하고, 숙고하며, 경탄하고, 찬송하고, 고백하고, 헌신하라. 그리스도 앞에서 자랑이란 있을 수 없다. 오직 그분 안에만 참된 생명이 있다.

그리스도는 우리의 "구원함"이 되신다. 우리의 구원에 설교가 기여하는 바는 없을까? 설교에 우리를 구원하는 능력은 없을까? 전혀 없다. 구원은 오직 은혜로, 믿음을 통해 얻는 것이다.

오래전, 아내가 스펄전의 말이 인용된 부분을 오려서 냉장고에 붙여 놓은 적이 있다. 사역이 벅차게 느껴졌을 때, 배우자와 부모로서 실패하거나 설교자로서 실패하여 마음이 짓눌렸을 때, 스펄전의 말이 우리에게 큰 도움을 주었고 지금도 주고 있다.

그러므로 기억하라. 당신이 그리스도를 붙잡음으로 구원받은 것이 아니다. 그리스도가 구원하신 것이다. 당신이 그리스도를 기뻐함으로 구원받은 것이 아니다. 그리스도가 구원하신 것이다. 그리스도를 믿는 것은 수단일 뿐, 그 믿음으로 구원받는 것이 아니다. 그리스도의 피와 공로로 구원받는 것이다. 그러므로 그리스도를 붙잡은 당신의 손을 보지 말고, 그리스도를 보라. 당신이 품은 소망을 보지 말고, 그 소망의 원천이신 예수를 보라. 당신의 믿음을 보지 말고, 그 믿음을 시작하셨고 완성하실 예수를 보라. 자신의 기도와 행함과 감정을 바라보면 결코 행복을 찾지 못한다. 영혼의 안식은 우리가 어떤 자인지가 아니라 예수가 어떤 분이신지에 달려 있다.◈

◈ C. H. Spurgeon, *Morning and Evening* (Fearn, Ross-shire: Christian Focus, 1998), 378 (entry for June 28).

설교자에게 예수는 누구신가?

17. 넘치는 사랑

문.우리가 정말 구원받았는지 어떻게 알 수 있습니까?
답.우리의 참된 정체성은 바쁜 설교자라는 데 있는 것이 아니
라 하나님의 아들로 부름받은 자라는 데 있습니다.

❖

보라, 아버지께서 어떠한 사랑을 우리에게 베푸사 하나님의 자녀라 일컬음
을 받게 하셨는가.

요일 3:1

설교자는 대개 교회 가족의 중심에 자리하고 있다. 교인들의 삶
에 접근하는 아주 큰 특권을 지닌 전임 목사는 그들이 털어놓는
기쁜 일이나 분투하는 문제들에 대한 이야기를 듣는다. 이처럼
교인들이 지극히 사적인 일을 털어놓고 나누는데도 크게 겸손해
지지 않을 목사, 살아 계신 하나님의 말씀을 그들에게 전하는 것
이 얼마나 큰 특권인지 느끼지 못할 목사가 있을까?

그러나 그렇게 남들의 삶에 관여하면서도 세상 끝에 홀로 선
것 같을 때가 많다. 내가 최근에 설교한 교회는 우리 교회와 전통

이 달라서 예배를 시작하고 마칠 때 행진을 하고 지정석에 앉아야 했다. 회중의 존경이 느껴졌지만, 장벽을 넘어 다가가야 하는 거리감도 느껴졌다. 그런데 자기 교회에서 자기 방식대로 행동하는 설교자도 지지받지 못하는 것처럼 느낄 때가 있다. 교회에 소속되어 있음에도, '성경의 사람' the Bible man 과 자신들의 관련성을 확실히 모르는 이들에게 느끼는 거리감과 싸우게 된다.

때로는 교회 자체로 인해 확실한 소속감을 느끼지 못하기도 한다. 사람들이 우리에게 짓는 죄 때문에(설교 후에 받은 가장 최근의 모욕까지 포함해서) 이런 말을 하는 것이 아니다. 내가 더 크게 생각하는 문제는 우리가 설교하면서 범하는 잘못과 실수로 교회를 실망시키는 경우다. 한때는 설교자로 구별되었다는 생각만 해도 좋았다. 그런데 지금은 자신의 설교에 실망할 때가 너무 많고 남들도 실망할까 봐 두렵다.

대부분의 설교자가 교만과 절망 사이를 오가며, 하루에도 몇 번씩 그렇게 흔들린다. 한편으로는 자신이 설교자임을 즐거워하고 으쓱해한다. 스펄전의 말처럼 "자신은 알고 있다는 교만이 그분이 알려 주셨기에 안다는 겸손을 대체해 버린다." ◇ 그러다가 실패하면 나락으로 떨어진다. 그렇다고 스토아주의자처럼 체념하는 것—너무 들뜨거나 가라앉지 않는 것—은 사역의 기복을 치

◇ Paul David Tripp, *Dangerous Calling: Confronting the Unique Challenges of Pastoral Ministry* (Nottingham: Inter-Varsity Press, 2012), p.196. 『목회, 위험한 소명』, 조계광 옮김(서울: 생명의 말씀사, 2013).

설교자에게 예수는 누구신가?

료하는 방책이 되지 못한다. 그 치료책은 복음 안에, 특히 우리가 그리스도 안에서 하나님의 가족으로 입양되었다는 복음의 진리 안에 있다.

이 입양의 교리가 설교자에게 꼭 필요하다. 우리의 일차적 신분은 설교자가 아니다. 계속 설교하고 가르치도록 부름받은 종이 아니다. 그것은 부차적 신분에 불과하다. 무엇보다 우리는 아들이다. 하나님께 입양된 아들이다. 모든 하나님의 백성과 함께 하는 자녀다. 아버지가 자신의 큰 사랑을 넘치게 베풀어 우리를 자녀로 삼아 주셨다(요일 3:1). 성자가 우리에게 자녀가 되는 권세를 주셨고(요 1:12), 우리를 형제라 부르길 기뻐하셨다(히 2:11-13). 또한 "성령이 친히 우리의 영과 더불어 우리가 하나님의 자녀인 것을 증언하"신다(롬 8:16). 구원은 여호와께 속한 일로서(욘 2:9), 구원의 가장 아름다운 표현이 바로 우리를 자녀로 입양하신 것이다. 패커의 말처럼 "칭의는 근본적인 복으로서, 그 토대 위에 입양이 이루어진다. 입양은 최고의 복으로서, 칭의가 그 길을 열어 준다."◆

입양의 은혜를 잊으면 주를 즐거워하는 마음을 잃기 쉽다. 설교의 부르심에 따르는 어려움들에 짓눌려 도움받을 곳을 찾아 헤매게 된다. 자신의 실패 때문에 사랑하는 아버지를 만족 없이

◆ J. I. Packer, *Concise Theology: A Guide to Historic Christian Beliefs*(Leicester: Inter-Varsity Press, 1993), p.167. 『성경과 신학을 아는 지식』, 김종철 옮김(서울: 아가페 문화사, 2018).

요구만 하고 움켜쥐기만 하는 "굳은 사람"으로 둔갑시키려는 유혹을 받게 된다(마 25:24). 설교를 종착지도 없이 쉬지 않고 돌려야 하는 쳇바퀴나 멀리 계신 하나님이 부과하신 끝없는 과제로 여기게 된다. 설교에 은혜와 온유가 사라지면서 모두가 곤경에 빠지게 된다.

그 치료책은 바로 기억하는 것이다. 당신은 하나님의 자녀라는 사실, 당신의 일 한가운데 마음의 향연이 있다는 사실을 기억하라. 당신은 아버지의 사랑이 항상 함께하는 것을 안다. 당신의 설교는 때로 형편없고, 대개는 괜찮으며, 가끔은 훌륭하다. 당신의 아버지는 이 모든 것을 아심에도 변함없이 계속해서 당신을 사랑하신다. 그분을 위해 열심히 일하는 것은 우리가 받은 특권이자 일종의 예배 행위다. 아버지의 미소를 아는 자녀의 자연스러운 행동이다.

청중은 어떻게 대해야 할까? 스스로 그들 '위에' 있다고 생각하거나 실패한 설교가 그들과 우리를 갈라놓는다고 생각한다면, 다시 복음으로 돌아가 그리스도가 하신 일을 새롭게 배울 필요가 있다. 거듭난 신자들은 한 형제자매다. 그분이 한 피로 사신 자들, 한 성靈을 주신 자들이다. 한 성령을 마시는 자들이다(고전 12:13). 한 아버지를 함께 부르는 자들이며, 성부가 성자를 사랑하심같이 사랑하시는 자들이다(요 17:23). 우리 모두 한 아버지를 의지함으로써 모든 필요를 공급받는다(빌 4:19). 또한 한 공동의 기업을 상속하길 고대한다. 우리가 하는 일 때문에 간혹 청중과 우리 사이에 거리가 생기는 것 같아도 실제로 분리되는 것은 아님을 기억해야 한다. 우리 모두 은혜의 한 식구들이다.

입양됨을 아는 지식에는 능력이 있다. 하나님과 청중을 감동시키려는 유혹에서 자유로워진다. "우리는 무익한 종이라. 우리가 하여야 할 일을 한 것뿐이라"(눅 17:10). 참으로 그렇다. 우리는 피로 사신 바 되어 자녀로 입양된 자들로서, 그분의 말씀을 선포함으로써 아버지와 형제자매를 사랑하는 즐거운 일을 한다. 이처럼 우리가 하나님의 가족 안에 있음을 알 때 위로와 평안과 정체성을 찾게 된다.

18. 거룩함

문. 설교자는 어떻게 자라갑니까?

답. 우리는 하나님의 평안 가운데 살면서 거룩함을 추구해야
   합니다.

❖

오직 주 예수 그리스도로 옷 입고.

롬 13:14

자주 인용되는 로버트 머리 맥체인Robert Murray M'Cheyne의 말을 뒤집
어 말하면, 거룩하지 못한 설교자는 하나님이 잡고 쓰실 수 없는
무익한 무기다.

  그렇다면 설교자는 설교로 거룩하게 자라갈까? 주 예수 그리
스도는 많은 설교를 하셨고 죄가 없으셨다. 그러니 설교를 준비
하고 전하는 일이 거룩함에 도움이 된다고 추론해도 되지 않을
까? 하나님의 말씀을 연구하고 더 많이 선포하며 많은 시간을 보
내다 보면 아무래도 예수 그리스도를 닮아가지 않겠느냐는 것이
우리의 생각이다. 확실히 설교를 통해 성화될 수 있지 않을까?

설교자에게 예수는 누구신가?

하나님은 그렇게 자신하지 않으신다. 말씀을 연구하고 그 의미를 궁구하는 일이 모든 그리스도인에게 꼭 필요한 것은 분명하다. 그러나 성경이 설교자와 다른 그리스도인들에게 공히 명하는바, 은혜 안에서 자라가는 방법은 동일하다. 하나님의 말씀은 자기 죄를 인정하고 회개하라고 한다. 죄를 대신할 경건한 새 습관을 마련하라고 한다. 구체적으로 기도하는 훈련을 하라고 한다. 하나님 백성의 교제 속으로 바로 들어가 섬기고 나누며 배우라고 한다. 세례에 합당하게 살고 성찬에 참여하며 좋은 설교를 들으라고 한다. 단순히 설교만으로는 경건하게 자라가지 못한다.

바울은 디모데에게 자신의 삶과 교리를 면밀히 지켜볼 것을 명했다(딤전 4:16). 설교자가 발견하는 사실(특히 실패했을 때 발견하는 사실)은 매주 설교를 듣는 이들이 자신의 삶을 계속 지켜보고 있다는 것, 그것도 아주 면밀히 지켜볼 때가 많다는 것이다. 청중은 '이 사람의 삶은 매력적인가? 매력적으로 느껴질 만큼 내 삶과 다른가?'라고—의식적으로든 무의식적으로든—묻게 되어 있다. 이 질문에 그렇다고 답하는 사람은 목사가 가진 것이 무엇인지 알려 할 것이다. 설교자의 말에 훨씬 더 주의를 기울일 것이다.

설교는 말씀으로 예수의 강력한 실재를 보여주는 일이다. 은혜 안에서 자라감으로써 우리 말을 뒷받침할 뿐 아니라 우리 삶에 실재하시는 강력한 예수를 나타내 보여야 한다. 당신의 삶이 매력적이지 않은데 당신의 교리를 듣고 싶겠는가? 메시지를 전하는 자가 남들과 똑같이 사는데 그 메시지가 정말 삶을 변화시킨다고 믿겠는가?

그러나 잠시 기다리라. 이것은 설교자의 거룩함이 사역의 성공에 결정적으로 중요하다는 말과 거의 흡사하게 들린다. 우리가 은혜 안에서 자라가지 못하면 하나님이 그분의 나라를 세우지 못하신다는 말처럼 들린다. 그렇다면 설교자를 너무 중시하는 것이 아닌가? 발람의 나귀도 하나님의 말씀을 전하지 않았는가? 발람은 거룩하지 않았는데도 하나님의 백성을 축복함으로써 하나님께 영광을 돌렸다. 복음만 전파된다면 동기는 크게 개의할 필요가 없다는 바울의 주장은 또 어찌 생각해야 하는가?(빌 1:15-18) 말씀을 통해 청중을 그리스도께로 이끌고 그분께 맡기기만 하면 되는 것 아닌가?

그렇지 않다. 설교자는 하나님이 거룩한 사람을 사용하여 거룩한 일을 하신다는 명백한 진리를 외면할 수 없다. 바울은 디모데에게 주인의 목적에 유용한 일꾼이 되기 위해 거룩함을 추구하라고 촉구한다(딤후 2:21). 하나님의 종이 거룩하지 못하면 자기 자신의 신앙고백을 위태롭게 만들 뿐 아니라 남들의 구원 또한 흔들게 된다고 말한다(딤전 4:15-16). 그만큼 심각한 문제라는 것이다.

우리는 거룩해져야 한다. 이 부르심을 무시하면 결국 자기 자신을 전하거나 주인을 가로막게 된다. 우리의 거룩하지 못함이 그리스도의 영광을 실제로 가려 버린다. 설교자가 둔감해질 때, 스스로 설교단에서 다루는 진리에 감동받지 못할 때, 자신을 홍보하는 예화나 또 다른 이유에서 적절치 못한 예화를 사용할 때, 말로 사랑과 온유를 전달하지 못할 때(목록은 얼마든지 이어질 수 있다), 예수의 아름다움은 가로막힌다. 실제로 우리 삶에 그리스도가 나타나지 않는 탓에 사람들이 그리스도를 볼 수 없으며, 복음을 참된 말로 듣지 않는다.

세례 요한은 밝게 타오르는 빛이었다(요 5:35). 항상 듣기 불편한 말을 했는데도 많은 무리가 찾아와 귀를 기울였다. 설사 주님이 많은 무리를 보내 주시지 않는다 해도, 맥체인의 기도처럼 용서받은 죄인이 거룩해질 수 있는 한도만큼 거룩해지길 갈망해야 한다. 예수를 닮아가며 자라갈 때만 우리의 삶과 선포를 통해 그분을 효과적으로 보여줄 수 있다.

이 말을 들으니 위축되는가? 사실은 그 반대다. 우리는 예수 안에서 살도록 부름받았고, 오직 그 삶만이 만족스럽고 가치 있는 삶이다. 우리를 거룩하게 하기 위해 은혜가 일하고 있다. 그러므로 우리는 **자랄 수 있으며 자랄 것이다.** 제라드 윌슨Jared C. Wilson의 말처럼 "거룩해지는 것은 곧 그리스도를 닮는 것으로서, 우리는 그리스도로 말미암아 의로워졌고 그리스도 안에서 성화되고 있으며 그리스도와 함께 영화로워질 것이다."◈ 성령이 우리

◈　Jared C. Wilson, *The Pastor's Justification: Applying the Work of Christ in Your Life and Ministry*(Wheaton, IL: Crossway, 2013), p.57.

안에서 그리스도의 형상을 빚어가고 계신다. 하나님이 베푸시는 사랑의 대양을 경험해야 한다. 죄 사함을 확신하고, 하나님의 평안 가운데 안식하며, 성령 안에서 점점 더 많은 기쁨을 맛보고, 지금 맛보는 이 은혜가 우리 모두를 이끌어 영광에 이르게 할 것을 굳게 확신해야 한다. 이런 복음의 사랑을 더 많이 알고 싶지 않은 자가 누가 있겠는가? 이런 복음의 사랑으로 살고 싶지 않은 자가 누가 있겠는가?

그러니 설교자여, 은혜 안에서 자라가라. 당신이 남들을 위해 그토록 자주 다루는 말씀이 당신 자신의 삶 속에 먼저 말하게 하라. 말씀이 당신을 치료하고 위로할 뿐 아니라 찔러 쪼개게 하라. 말씀의 교훈에 귀를 기울이라. 복음 진리를 통해, 복음 진리 안에서 기도하라. 그 진리를 따라 삶으로써 더욱 거룩해지라. 특정한 죄를 이기기 위해 특정한 조처를 취하라. 거룩함을 입으라. 예수 그리스도로 옷 입으라(롬 13:14). 그리스도와 당신의 교통이 사역에 나타나게 하라.

그렇게 하라. 예수를 위해, 또한 사람들을 위해.

19. 여정의 끝

문. 설교를 멈출 때가 오겠습니까?

답. 우리 설교도 죽고, 우리도 죽을 것입니다. 그것은 좋은 소
식입니다!

❖

이제 후로는 나를 위하여 의의 면류관이 예비되었으므로 주 곧 의로우신 재
판장이 그날에 내게 주실 것이며 내게만 아니라 주의 나타나심을 사모하는
모든 자에게도니라.

딤후 4:8

설교자라면 누구나 설교를 끝낼 때를 알기가 가장 힘들다는 것
을 안다. 언제 가야 할 길을 다 갔는지(이제 그만해도 되는지) 알고
준비할까? 이제는 교인들에게 알리고 끝내야 한다는 판단을 어
떻게 설교단에서 내릴까? 비행기 조종사가 그렇듯이, 설교자에
게도 착륙이 가장 힘든 부분일 수 있다.

비행기 착륙과 사역 끝낼 때를 아는 일을 비교해 보라. 당신
은 오랜 세월 설교하며 큰 인정을 받았을 수 있고 지금도 받을

수 있다. 당신은 주의 부르심을 받았고 그 부르심에 순종했다. 그런데 언제 그 임무를 다하고 내려놓아야 하는지 아는가? 내가 읽은 사역 및 설교 관련 서적 중에는 이 주제를 다루는 책이 없었다. 더 충분한 대답은 이 장의 범위를 넘어서는 것이며, 어차피 나는 그 대답을 알지 못한다. 몇 가지 의견과 질문만 가지고 있을 뿐이다. 무엇보다 나는 이 문제를 제기함으로써『웨스트민스터 소요리문답』이 어떻게 복음을 반영하며 이 주제에 대한 성찰을 돕는지 밝히려 한다.

어떤 설교자들은 하나님의 축복과 교인들의 인정을 받으며 계속 설교하기도 한다. 청교도 토머스 굿윈Thomas Goodwin은 80세가 다 되어 죽기 며칠 전까지 강력하게 설교했다. 존 웨슬리도 87세에 죽음을 맞이하기까지 계속 설교했다. 90대에도 여전히 귀한 사역을 하는 이들이 있다. 수십 년간의 지혜를 노년의 사역에 아주 효과적으로 응축해 냄으로써 큰 인정을 받는다.

물론 그 반대의 경우도 있다. 멈추어야 할 때 멈추지 못한다. 자신의 사역이 더 이상 복되지 못한 것을 모든 사람이 분명히 아는데도, 계속하려는 완강한 의지를 굽히지 않는다. 그들은 오랜 사역을 영광으로 여긴다. 누군들 그렇지 않겠는가? 그러나 지속적인 영광은 오직 교인들을 세움으로써 하나님을 섬기는 사역에 있다. 더 이상 그럴 수 없다면, 여전히 설교단에 설 수 있고 서고 싶더라도 멈추어야 한다.

찰스 스펄전은 전임 설교자가 종의 마음을 지켜야 할 필요성을 학생들에게 지적하며 이렇게 경고했다. "사역자가 교회를 위해 있는 것이지 교회가 사역자를 위해 있는 것이 아닙니다. 교회를 감히 자기 이익을 위해 경작할 땅이나 자기 취향에 따라 손질할 정원으로 여기며 일하면 안 됩니다."◈

우리가 받는 유혹이 이것 아닌가? 목사로 섬기든 고정 설교자로 섬기든 임시 설교자로 섬기든, 교회를 자기만족을 위한 장소로 삼고 싶은 유혹을 받는다. 우리는 설교를 준비하고 전하는 일을 좋아한다. 물론 이 즐거움은 감사히 받아야 할 하나님의 선물이다. 그러나 우리의 즐거움이 처음부터 끝까지 여기에만 그치고 양떼에게 유익이 되지 못한다면, 결국 모두 곤경에 빠지게 된다.

설교를 멈추면 당연히 상실감이 **느껴진다**. 임무를 다하지 못한 것처럼 **느껴진다**. 그러나 **실상은** 그렇지 않음을 상기해야 한다. 자신이 받은 부르심은 특정한 방식으로 교회를 섬기라는 것이었다. 그렇게 섬겼으니 이제는 내려놓아야 한다. 적신으로 설교를 시작했으니 적신으로 그만두어야 한다. 여호와의 이름을 찬송하라.

『웨스트민스터 소요리문답』은 이 점에서 도움이 된다.

제37문. 신자가 죽을 때 그리스도께 받는 혜택은 무엇입니까?

◈ C. H. Spurgeon, *An All-Round Ministry*(Edinburgh: Banner of Truth, 1965), p.256. 『스펄전 목회론』, 원광연 옮김(파주: 크리스천다이제스트, 2003).

답. 신자가 죽을 때 그의 영혼은 완전히 거룩해져서 즉시 영광
으로 들어가고, 그의 몸은 부활할 때까지 계속 그리스도와
연합한 상태로 무덤에서 쉽니다.[◎]

설교자는 죽는다. 그리고 다른 모든 그리스도인들처럼 다시 살
아난다. 그리스도가 우리의 영광스러운 미래를 보장해 주신다.
이것은 설교자를 구원하는 복음이다.

제38문. 신자가 부활할 때 그리스도께 받는 혜택은 무엇입니까?
답. 영광 중에 일으킴을 받아 부활한 신자는, 심판 날 공개적으
로 인정을 받고 무죄판결을 받을 것이며 완전한 복을 받아
영원토록 충만하게 하나님을 즐거워할 것입니다.[▣]

"심판 날……무죄판결을 받을 것이며." 모든 죄에 대해—설교하
고 사역하면서 지은 모든 죄에 대해서도—무죄판결을 받을 것이
다. 60년간 설교하며 수천 명을 그리스도께 가까이 이끌어 동행
하게 했다 해도, 우리에게 무죄판결을 내리실 분은 오직 그리스
도 한 분뿐이시다. 결코 우리가 한 일로 구원받지 못한다.

이처럼 그리스도 앞에 나타날 것을 생각할 때, 설교할 동기와
정직한 이유가 생길 뿐 아니라 격려를 받게 된다. 이제 다섯 가지

◎   『웨스트민스터 소교리문답』, 제37문답.
▣   같은 책, 제38문답.

설교자에게 예수는 누구신가?

질문을 던지겠다.

1. 나는 나한테 필요하기 때문에 설교하는가, 남들이 내 사역을 필요로 하기 때문에 설교하는가?

2. 나이 들어 설교 사역을 내려놓을 것을 생각하면 두려움에 사로잡히는가, 천국을 더 생각하게 되는가?

3. '전前 설교자'가 되는 날이 찾아올 때 만족할 것 같은가, 설교가 가져다준다고 믿는 지지를 갈망할 것 같은가?

4. 사람들이 내 설교를 다 기억해 주길 은근히 바라는가, 하나님의 말씀으로 그들을 먹였다는 사실을 아는 것만으로(그들이 내 설교를 기억하든 아니든, 심지어 내 존재조차 잊는다 해도) 충분한가?

5. "잘하였도다, 착하고 충성된 종아"라는 말씀이 실제로 내 영혼에 말해 주는 바는 무엇인가?

설교자여, 언젠가 침묵하게 될 날이 올 것이다. 당신의 일은 끝나고, 상급이 준비될 것이다. 그리스도가 문자 그대로 모든 설교의 마침이 되실 것이다. 그날을 바라보고 고대하며 살라.

제3부.   말씀을 사랑하라

20. 율법의 은혜

문. 설교자도 율법에 순종해야 합니까?
답. 율법은 우리를 거룩함으로 이끄는 안내자로서, 거룩하지
　　못한 설교자는 사기꾼에 불과합니다.

❖

오직 말과 행실과 사랑과 믿음과 정절에 있어서 믿는 자에게 본이 되어.

딤전 4:12

예수를 전하는 설교자는 예수를 닮아야 한다. 아무리 쳐다보아
도 그리스도가 보이지 않는 자의 말을 듣고 그리스도를 배우려
하는 사람은 아무도 없을 것이다.

설교자가 받는 가장 큰 유혹 한 가지는 자신의 사역이 하나님
께 충분하다고 느끼는 것이다. 사역은 하나님께 드리는 제사다.
희생적으로 헌신하며 설교를 준비해서 최대한 잘 전달하면 하나
님도 만족하실 것이 확실치 않은가? 그분의 말씀이 전파될 때 영
광을 받으실 것이 확실치 않은가? 그러니 꾸준히 설교 사역을 하
면 "잘하였도다, 착하고 충성된 종아"라는 칭찬을 받으리라 기대

하며 만족해도 되지 않는가?

하나님을 섬기는 것은—설사 땀 흘리며 탈진하도록 섬긴다 해도—쉬운 선택사항이다. 하나님은 그 이상을 원하신다. 그렇다고 더 많은 섬김을 원하시는 것은 아니다. 하나님은 우리 손뿐아니라 마음을 원하신다. 우리의 의지를 사로잡아 자신의 마음으로 데려가심으로써 "깊은 바다가 서로 부르"는 것이 무엇인지 알려 주려 하신다(시 42:7). 우리가 그분을 사랑하며 그 사랑을 거룩한 삶으로 표현하길 원하신다. 나머지는—설교를 포함하여—다 지엽적인 것이다.

바울은 "오직 말과 행실과 사랑과 믿음과 정절에 있어서 믿는 자에게 본이 되"라고 조언했다. 대도시 에베소에서 그리스도를 전하는 험한 사역을 하던 디모데에게 이렇게 썼다. 경험 부족을 절감하며 성과 돈과 이교신앙이라는 삼중의 불경건함에 위축된 디모데에게 굳게 설 것을 촉구했다. 그뿐 아니라 계속해서 경건해지고 또 경건해질 것을 명령했다. 디모데는 설교자와 목사로 범사에 은혜 안에서 자라갈 필요가 있었다. 각자 얻을 수 있는 모든 것을 얻기 위해 애쓰는 도시에서 주 예수 그리스도를 닮은 모습으로 자라가야 했다. 그것은 이 젊은 설교자에게 선택사항이 아니었고, 우리에게도 선택사항이 아니다.

율법은 하나님이 누구시며 어떤 분이신지 계시해 준다. 또한우리는 누구이며 어떤 존재인지 보여준다. 하나님은 거룩하신주±로서 예배를 요구하신다. 반면에, 우리는 우리 인생의 주가 아니요 하나님께 기대어 살며 그분의 법에 순종함으로써 그분을 높이도록 창조된 피조물이다. 동시에 발견하는 사실은, 그럼에도 우리는 거룩하지 못하다는 것이다. 천성적으로 하나님께 순종하길 원치 않으며 순종할 수 없다는 것이다.

시인 크리스티나 로세티Christina Rossetti는 신자 안에 거하는 죄의 실체를 잘 포착했다. '누가 나를 건져내랴?'라는 그의 시(롬 7:24에 나오는 사도 바울의 질문을 참조한 것이 분명한 시)는 이런 시구로 시작된다.◈

하나님이 힘을 주어 나 자신을 짊어지게 하시네.
무엇보다 지기 무거운 짐,
남에게 떠넘길 수 없는 근심의 짐.

시인은 불신자들이 놀랄 고백, 그러나 신자들은 인정하고 공유할 고백을 이어 나간다.

나 자신, 나의 최대 반역자,
가장 공허한 벗이자 가장 치명적인 적,
어느 길을 가든 신고 가야 하는 무거운 나막신.

◈ Christina G. Rossetti, "Who Shall Deliver Me?," in *The Complete Poems of Christina Rossetti*, ed. R. W. Crump, vol. 1 (Baton Rouge, LA: Louisiana State University Press, 1990), p. 226.

말씀을 사랑하라

시인은 복음의 대답, 받아들이는 모든 이에게 감미롭게 다가오
는 대답을 결론으로 제시한다.

그러나 그런 내게 재갈을 물릴 분이 계시네.
날 옥죄는 짐을 굴려 보내실 분,
멍에를 깨뜨리고 풀어 주실 분.

예수는 멍에를 깨뜨리고 우리를 건져내어 복음의 자유를 누리게
하신다. 우리가 배우는 교훈은, 이것이 무엇이든 마음대로 할 자
유가 아니라(경험으로 알 수 있듯이 아집에는 자유가 없다) 하나님의
뜻에 순종할 자유라는 것이다. 예수는 자신의 멍에—메기 쉽다고
장담하신 멍에—를 메는 것이 곧 제자도라고 하신다(마 11:28).

"내가 율법이나 선지자를 폐하러 온 줄로 생각하지 말라. 폐
하러 온 것이 아니요 완전하게 하려 함이라"(마 5:17). 이 중요한
구절의 의미는 무엇일까? 이것은 율법에 온전히 순종하시겠다는
예수의 선언이다. 그분은 자신의 맹세를 이행하셨다. 항상 율법
에 순종하셨고 선지자들의 글이 가리켰던 일을 성취하셨다. 인
간의 전통을 깨뜨리고 여론을 거스르셨지만, 율법은 절대 깨뜨
리지 않으셨다. 율법의 성취자로서 우리를 위해 제사법을 지키
셨다. 그것은 율법을 범한 우리가 실패한 자리에서 율법을 지키
고 순종하셨을 뿐 아니라 십자가에서 죽으심으로 하나님의 율법
에 따라 우리를 위한 제물이 되셨다는 뜻이다.

여기에는 엄청난 의미가 함축되어 있다. 우리는 그리스도를 의지함으로 율법의 저주에서 풀려났다(갈 3:13). 성령으로 말미암아 생명을 받았고, 우리 주와 구주 되신 예수를 알게 되었다. 동일하신 성령이 우리의 새로워진 마음에 능력을 주심으로 하나님의 법을 알고 순종하길 원하게 하실 뿐 아니라 점점 더 그 법을 지킴으로 하나님께 영광을 돌리게 하신다.

물론 승리는 얻기 어려운 것으로서 우리는 빈번히 후퇴한다. 그러면서도 우리를 위한 율법의 지혜를 점점 더 많이 배워 나간다. 그 진리가 우리 삶 속에 들어오길 기도하고 순종의 열매를 맺기 시작하면서, 우리를 위해 율법 안에 마련된 기쁨과 자유를 경험한다. 사랑과 기쁨과 평안, 인내와 양선, "율법의 사람"이셨던 예수 그리스도의 다른 많은 특징들에서 점점 더 자라간다. 해방된 마음으로 "주의 계명들의 길"로 달려간다(시 119:32). 그것은 아주아주 좋은 일이다.

21. 순종

문. 모든 설교자가 알고 행해야 할 열 가지는 무엇입니까?

답. 우리는 하나님의 율법을 알아야 하고, 그 율법을 설교하며 순종해야 할 이유를 알아야 합니다.

❖

주께서 내 마음을 넓히시면 내가 주의 계명들의 길로 달려가리이다.

시 119:32

교인들은 사실 하나님의 율법에 대해 많이 이야기하길 즐기지 않으며, 대부분의 설교자도 같은 성향을 보인다. 그 이유는 여러 가지다. '율법을 좋아하시는 하나님'이라는 말은 왠지 썩 유쾌하게 들리지 않는다. 어떤 이들은 구약의 율법(동물을 제사로 바치는 것, 새우를 먹지 못하게 하는 것, 섞어 짠 옷을 입지 못하게 하는 것 등)이 좀 이상할 뿐 아니라 분명히 구시대적이라고 지적하기도 한다. 게다가 신약의 여러 본문도 율법을 부정적으로 말하지 않는가? 우리는 율법으로부터 구원받은 것이 아닌가? 사람들이 율법에 동의하지 않는데, 다른 많은 동의하는 내용들은 제쳐둔 채 군이 논쟁적인 문제를 제기하는 이유가 무엇인가? 어쨌든 예수도 율법을 폐기하고 그 대신 성령을 주고자 오신 것이 아닌가?

설교자의 부르심에는 하나님 백성의 삶에서 율법이 차지하는 위치를 이해하는 일이 포함된다. 하나님이 이스라엘 백성에게 율법을 주신 이유와 오늘날 그리스도인의 삶에서 율법이 차지하는 위치를 이해해야 한다. 이것을 분명히 알아야만 청중을 도울 수 있다. 이 일이 쉬우리라고 말한 사람은 아무도 없다. 새뮤얼 볼튼 Samuel Bolton 의 표현처럼, 그리스도인으로서 율법을 정확히 다루는 일은 "신학의 실용적인 부분에서 풀어야 할 가장 큰 매듭"이다.◆ 그럼에도 하나님의 백성이 그리스도 안에서 자라가도록 돕기 위해서는 이 매듭을 풀어야 한다. 존 뉴턴이 썼듯이 "신앙적인 오류 대부분의 근저에는 율법의 본질과 의도를 모르는 무지가 있다."◎

율법이 하나님께로부터 나왔다는 간단하지만 광범위한 사실을 간과하는 그리스도인이 많다. 이것은 하나님이 시내산에 현현하여 이스라엘 백성의 주 되심을 친히 보이고 선포하면서 가르치신 교훈이다(출 19:16-20:2). 『웨스트민스터 소요리문답』은 그 교훈을 이렇게 표현하고 있다.

◆ 볼튼(1606-1654)은 청교도 목사이자 학자였다. 이 말은 *The True Bounds of Christian Freedom* (Edinburgh: Banner of Truth, 1964), p.51에서 인용. 『자유, 자유, 자유』, 박영옥 옮김(서울: 목회자료사, 1992).

◎ John Newton, "On the Right Use of the Law," letter 30 in *The Works of John Newton*, 6 vols.(Edinburgh: Banner of Truth, 1985), 1:340. 『존 뉴턴 서한집』, 이상원 옮김(파주: 크리스천다이제스트, 2011).

제44문. 십계명 머리말이 우리에게 가르치는 바는 무엇입니까?

　　답. 십계명 머리말은 하나님이 주 되시며 우리 하나님이요 구
　　속자가 되시기에 반드시 그분의 모든 계명을 지켜야 한다
　　고 가르칩니다.◈

이제 우리가 던질 질문은 "반드시" 율법을 지켜야 한다는 말이
그리스도인에게 어떻게 다가오느냐 하는 것이다. 뉴턴의 가까운
벗이었던 윌리엄 쿠퍼William Cowper의 조언을 들어 보라. 그는 '순종
을 강권하는 사랑' Love Constrained to Obedience 이라는 찬송시에서 제자의
삶을 살찌우는 풍요롭고 건전한 신학을 제시한다.

　　그리스도가 성취하신 율법을 보고

　　그 용서하시는 음성을 들을 때,

　　종은 자녀가 되고

　　의무는 선택이 되네.◎

쿠퍼의 말이 맞다. 그리스도가 홀로 우리를 위해 순종하심으로
율법을 지키셨고, 홀로 우리의 범법 행위에 대한 하나님의 형벌
을 받아 죽으셨다. 그로 인해 종들이 구속받아 하나님의 가족으
로 입양되었고 새로운 본성을 얻었다. 그러면 율법은 어찌 되는

◈　『웨스트민스터 소교리문답』, 제44문답.

것일까? 쿠퍼가 보여주듯이, 신자에게 율법 준수는 실패할 것이 뻔하기에 화가 나는 의무가 아니라 자발적인 선택이 된다. 선택이라고? 그렇다. 그리스도를 통해 성령의 힘으로 기쁘게 하나님께 순종하는 삶을 살게 된다. 케빈 드영 Kevin DeYoung 의 말처럼, 그러므로 "율법을 참 신자에게 권할 수 있고 권해야만 한다. 그들을 정죄하기 위해서가 아니라 바로잡아 더욱 그리스도를 닮게 하기 위해."▣ 우리 자신부터 그렇게 해보자.

예수는 성령을 통해 그분의 말씀에 순종하도록 가르치신다. 십계명도 거기에 포함될까? 당연히 포함된다. 십계명은 우리의 구속자이자 왕이 주신 율법의 정수다. 계명은 그분이 주신 것인 동시에 우리를 그분께로 인도하는 것이요 날마다 즐겁게 그분과 교제하는 길이다. "하나님을 사랑하는 것은 이것이니 우리가 그의 계명들을 지키는 것이라. 그의 계명들은 무거운 것이 아니로다"(요일 5:3). 우리는 예수의 율법에 순종함으로써 그분의 사랑

◎ William Cowper, *The Poetical Works of William Cowper*, vol. 2(Edinburgh: James Nichol, 1854), p.54. 랄프 어스킨Ralph Erskine 도 기억에 남을 만한 다음의 발췌문에서 같은 교훈을 가르친다. *The Sermons and Practical Works of Ralph Erksine*, vol. 10(Glasgow: Smith and Bryce, 1778), p.283.

> 엄한 주인인 율법은
> 짚도 주지 않고 벽돌을 만들라 했지.
> 그러나 복음의 입술로 노래하는 율법은
> 비상飛上을 명하며 날개를 달아 주는구나.

▣ Kevin DeYoung, *The Hole in Our Holiness: Filling the Gap between Gospel Passion and the Pursuit of Godliness*(Wheaton, IL: Crossway, 2012), p.56. 『구멍 난 거룩』, 이은이 옮김(서울: 생명의 말씀사, 2013).

안에 거한다(요 15:10).

십계명을 연구하며 순종하려 할 때 기억할 사실은, 그것이 전부 예수에 관한 법이라는 것이다. 모든 계명이 각기 예수의 필요성을 보여주며 그분을 따르는 길을 가르친다. 예수는 산상설교에서 계명을 재진술하시면서 제자의 삶에 따르는 요구와 약속들을 제시하셨다. 다른 산인 시내산에서 자신이 이미 계명을 주셨기에, 오직 그 이유 때문에 그렇게 하신 것이다. 그분은 십계명을 비롯한 하나님의 모든 계명을 주신 장본인이시요 그 모든 계명의 전부시다.

이것은 설교단에서 반드시 가르쳐야 할 긴요한 진리다. 하나님의 백성들이 계명을 예수에 앞선 것으로 생각할 때가 너무 많다. 그렇다. 십계명은 거룩하지 못한 우리를 비추어 주는 거울로서 그리스도의 은혜가 얼마나 필요한지 알려 준다. 십계명을 예수가 주신 계명—그것을 지킴으로써 그분을 향한 사랑을 표현할 수 있도록 주신 계명—으로 읽고 순종하길 배워야 한다.

우리 집에는 아내가 분필 페인트를 칠한 벽면이 있다. 거기에 낙서를 할 수도 있고, 메모를 남길 수도 있고, 쇼핑 목록을 적어둘 수도 있고, 암송 구절을 써 놓을 수도 있다. 몇 주 전 내가 써놓은(고쳐 써 놓은) 것은 십계명이었다. 이단적인 행동 같은가? 당신이 한번 판단해 보라. 저녁 식탁에서 가족들이 토론한 내용에 근거하여 다시 쓴 십계명은 다음과 같다.

1. 예수의 자리에 아무것도 놓지 말라.

2. 예수를 사랑하지 못하도록 방해할 만한 것을 만들지 말라.

3. 예수의 이름을 범사에 높이라.

4. 예수 안에서 영혼의 안식을 찾으라.

5. 예수를 향한 사랑의 표현으로서 네 부모를 공경하라.

6. 예수가 죽음이 아닌 생명을 주셨으니 살인하지 말라.

7. 예수가 네 마음뿐 아니라 몸을 사셨으니 성적 순결을 지키라.

8. 예수로 충분하니 훔치지 말라.

9. 예수는 진리시요 진리를 사랑하시니 거짓말하지 말라.

10. 예수로 진정 충분하니 무엇에도 마음을 두지 말라.

당신도 이 방식이 유익함을 발견할 것이다. 가장 먼저 할 일은 예수가 율법의 주 되심을 깨닫는 것이다. 이 진리를 당신의 영혼에 깊이 새길 방법을 찾으라. 그리고 자문하라. 설교단에서 하나님이 주신 예수의 법을 선포하지 못하도록 막는 어떤 비겁함이나 냉혹함이 속에 있는 것은 아닌가? 그리스도 안에 있는 자들뿐 아니라 그리스도를 찾는 자들에게 십계명을 전하고 싶지 않은 이유가 무엇인가? 십계명은 모든 성경이 이야기하는 그분을 보여준다. 그분의 음성을 들려준다. 그 거룩한 아름다움을 보여준다. 그리고 가서 이렇게 살라고 명령한다. 이렇게 살 수 있는 은혜를 구하자.

말씀을 사랑하라

22. 사랑의 선택

문. 제1계명의 가르침은 무엇입니까?
답. 네 하나님 여호와를 향한 사랑의 표현으로 설교하라는 것
입니다.

❖

나는 너를 애굽 땅 종 되었던 집에서 인도하여 낸 네 하나님 여호와니라. 너
는 나 외에는 다른 신들을 네게 두지 말라.

출 20:2-3

내 친구 중에 어려운 결혼생활을 하는 이가 있다. 부부 모두 헌신
된 그리스도인으로 험난한 결혼생활을 용감히 항해하고 있음에
도, 20년의 삶은 아주 혹독한 것이었다. 친구가 결혼하기 전, 우
연히 알게 되어 그에게 써 준 조언이 하나 있다. "네 사랑을 선택
하고, 그 선택을 사랑하라." 지난 세월 내내, 특히 상황이 정말 힘
들 때마다 이 말을 친구에게 상기시키곤 했다.

네 사랑을 선택하라. 하나님도 그렇게 하셨다. 시내산이 벽
력같이 선포하는 메시지는 하나님이 한 백성을 선택하여 자신

에게로 모으셨다는 것이다. 그분은 앞서 애굽에서 "강한 손과 펴신 팔로" 그들을 구속함으로써 자신의 사랑을 보여주셨다(시 136:12). 그리고 이제 그들을 소집하여 자신의 말을 들을 것을 명하신다.

시내산에서 하나님이 백성에게 선포하신 말씀의 핵심은 이것이다. "나는 너희를 선택하여 사랑했고 앞으로도 사랑할 것이다. 내가 너희를 선택했듯 너희도 나를 선택하고 사랑하라. 나를 사랑하면 생명을 알게 될 것이다"(신 30:20 참조).

제1계명은 하나님을 알라는 부르심이다. 모호하고 희미하게 아는 것이 아니라 실제 모습 그대로 알라는 부르심, 가차없는 사랑으로 쫓아오시는 하나님을 알라는 부르심이다. 이 하나님은 예수 그리스도 안에서 자신을 계시하신다(요 1:18, 14:6). 그리스도를 통해 자신의 것이 되도록 부르시며, 잃은 자들을 향한 구원의 사랑을 발견하도록 부르신다. 세상의 귀에는 "나 외에는 다른 신들을 네게 두지 말라"라는 말이 거칠고 공격적이며 심지어 위협적으로 들릴 수 있다. 선택에 탐닉하며 자기 생각에 옳은 대로 행동하는 우리 시대는 이 계명 앞에서 뒷걸음질 친다. 우리 사회는 애굽의 바로처럼 화를 내며 자신은 하나님을 알지 못하니 그분의 말을 따르지 않겠다고 한다(출 5:2).

그와 대조적으로 구속받은 백성에게 이 말은 자유를 향한 부르심이요, 우리 인생을 도둑질하는 거짓 가치들과 우리 마음의 애호품들을 내버리고 우리를 선택하신 하나님을 선택하며 그분을 알라는 부르심이다.

"나는 너를 애굽 땅 종 되었던 집에서 인도하여 낸 네 하나님 여호와니라." 하나님은 여기에서 구원의 이름, 언약의 이름을 선포하신다. 그분은 구원자이자 언약을 세운 자이신 동시에 백성의 주인이시다. 구원자이자 주인으로서 주권을 행사하시며 사랑으로 순종하도록 부르신다. 제1계명은 "이분이 네 하나님이시다"라고 말한다. 그리고 순종하는 자만 "네, 이분이 **내** 하나님이십니다"라고 대답한다.

이 계명은 온 삶을 다해 예배함으로써 하나님께 반응하며 살라는 부르심, 낱낱의 모든 일에서 그분을 사랑하고 높이며 살라는 부르심이다.

그럼에도 설교자는 하나님 아닌 것—일의 만족감이나 영향력, 지적인 자극이나 개인적인 흡족함, 조용한 삶(또는 정신없이 바쁘고 시끄러운 삶), 동료의 인정, 회중의 갈채—에 마음이 끌린다. 당신의 희망사항은 무엇인가? 우리는 종종 가장 어두운 자기 욕망을 아예 인식하지 못하거나 큰 가치가 있는 양 포장하면서도 아무 문제가 없는 것처럼 스스로 속이려 애쓴다. 자신은 하나님의 이런저런 '축복'을 구할 뿐이라고 생각한다. 그러면서 실제로는 특정한 생활방식이나 보상을 구한다. 그 속에 하나님이 계신지 아닌지에는 거의 신경을 쓰지 않는다.

제1계명은 이러한 우리의 종교 게임을 폭로한다. 하나님은 "나를 선택하라"라고 요구하신다. 그렇다. 그분은 능력 있는 주권자이시기에 얼마든지 우리 감정에 명령하실 수 있다. 생명을 주는 완전한 사랑의 하나님이시라면 더더욱 명령하셔도 된다. 주를 선택하라. 삶이 힘들 때, 사역에 열매가 없을 때, 좌절의 시간만 계속 흘러가는 듯할 때, 삶의 모든 풍경이 한결같이 삭막한 사막 같을 때, 약속의 땅이 아주 멀어 보일 때, 주를 선택하라.

설교자는 비교적 심한 죄를 아주 잘 끊는다는 데 만족할 때가 많다(그렇다. 그 사실로 자신을 정당화하려 들 때가 많다). 우리는 전투를 치렀고 몇 차례 승리했다. 일반적으로 우리 삶은 꽤 견실한 편이며, 사역도 종종 인정을 받는다. 그럼에도 하나님만 사랑하고 높이라는 계명을 실제 지키는 데서는 거리가 아주 멀 수 있다.

『하이델베르크 요리문답』(1563)은 잊을 수 없는 방식으로 이 계명을 다룬다.

제94문. 주님이 제1계명에서 요구하시는 바는 무엇입니까?

답. 내 구원 자체가 위험해지길 원치 않는다면 모든 우상숭배와 마술과 미신적 의식 및 성인이나 다른 피조물들에게 기도하는 일을 피하고 멀리하라는 것입니다. 유일하고 참되신 하나님을 진심으로 인정하고, 그분만 신뢰하며, 모든 좋은 것을 얻기 위해 겸손과 인내로 그분을 바라보고, 그분을 사랑하며, 두려워하고, 전심으로 높이라는 것입니다. 요컨대, 어떤 식으로든 그분의 뜻을 거스르느니 차라리 무엇이라도 포기하라는 것입니다. ◈

이 답을 다시 읽어 보라. 첫 문장은 종교개혁의 표준적 진술로서, 로마 가톨릭 미사와 초자연적 현상에 끌리지 않도록 경고하고 있다는 데 주목하라.

둘째 문장에서 쏟아져 나오는 진리는 설교자의 마음에 도전도 되고 격려도 된다. 당신의 하나님이 당신의 모든 필요를 채우실 수 있고 채우실 것을 믿기에, 그분이 지극히 합당하게 받으셔야 할 모든 신뢰와 사랑을 바치고 있는가? 설교자여, 그분은 당신의 전심을 원하신다. 전심을 드리지 않는 한, 어떤 사역에도 만족하지 않으신다.

하나님은 말 없고 차갑고 무심하신 분이 아니다. 냉담하신 분이 아니다. 아들을 통해 우리 가운데 계시는 분, 우리에게 다가와 품어 주시고 안심시켜 주시고 격려해 주시는 분이다. 하나님으로 시내산을 만지시고 흔드셨을 뿐 아니라 신인神人으로 갈보리에서 죽으셨다. 그분은 우리를 사랑하시며 우리가 그 사실을 알길 원하신다. 우리가 그 임재를 느끼지 못할 때도 항상 우리와 함께 계시며 항상 그분의 팔로 우리를 감싸고 계신다고 복음은 가르친다.

이 사실을 알아야 한다. 이 사실을 모르면 제1계명이 늘 요구 사항으로만 들릴 것이며 이 계명에 양가감정을 느끼게 될 것이다. 더 나아가 이 계명이 돌판 위를 벗어나지 못할 것이다. 하나님의

❖ *Our Faith: Ecumenical Creeds, Reformed Confessions, and Other Resources*(Grand Rapids: MI: Faith Alive Christian Resources, 2013), p.104.

인자하심과 다정하심을 확신하지 못하고 이 사랑을 경험하지 못하면, 돌같이 굳은 마음으로—당신 또한 그런 마음으로—이 계명을 대하게 될 것이다. 마치 돌덩이를 끌고 가듯 순종이 힘겹게 느껴질 것이다. 그렇게 되지 않으려면…….

그렇게 되지 않으려면 누가 당신에게 말씀하고 계신지 알아야 한다. 당신의 하나님은 곧 당신의 구속자요 남편이요 선한 목자요 친구라는 것, 당신을 위해 죽으시고 무덤에서 다시 살아나셨다는 것, 저 높은 곳에서 통치하시며 사랑과 지혜로 당신의 삶을 다스리시고 당신이 영원히 거할 처소를 예비하고 계신다는 것을 알아야 한다. 이 하나님이 당신을 사랑하시고 기뻐하시며 당신을 구원하기 위해 죽으셨다는 사실과 성령을 보내 그분을 사랑할 수 있게 하셨다는 사실을 알면, 순종을 원래 모습대로—핏값이 치러진 특권이자 성령을 힘입어 누리는 특권으로—보게 될 것이다.

이것이 십계명의 부르심이다. 또한 제1계명의 부르심이기도 하다. 하나님을 알고, 우리가 아는 그 하나님을 사랑해야 한다. 하나님은 단순히 자신에 대해 아는 지식 자체만 주시려는 것이 아니다. 자신이 주±시라는 이유 때문에만 계명을 주시는 것이 아니다. 그분이 지식과 계명을 주시는 것은 마음으로 자신에게 반응하며, 마음과 목숨과 뜻과 힘을 다해 즐거이 사랑하게 하시기 위함이다. 그분을 선택하라.

23. 형상의 문제

문. 제2계명의 가르침은 무엇입니까?

답. 자기나 남의 형상으로 설교의 우상을 만들지 말라는 것입
니다.

❖

너를 위하여 새긴 우상을 만들지 말고 또 위로 하늘에 있는 것이나 아래로

땅에 있는 것이나 땅 아래 물속에 있는 것의 어떤 형상도 만들지 말며 그것

들에게 절하지 말며 그것들을 섬기지 말라. 나 네 하나님 여호와는 질투하

는 하나님인즉 나를 미워하는 자의 죄를 갚되 아버지로부터 아들에게로 삼

사 대까지 이르게 하거니와.

출 20:4-5

제2계명에서 하나님은 말씀하신다. "나만 줄 수 있는 생명을 다
른 누군가나 무언가가 줄 수 있다고 믿지 말라. 나를 믿으라. 내
게로 와서 생명을 얻으라." 이런 계명을 들으면, 하나님이 결핍
되고 불안정한 상사나 집에 새로 데려온 강아지처럼 우리의 지
지를 갈구하시는 것은 아닌지 의심하던 마음이 바뀌게 된다. 하

나님께는 우리가 필요치 않다. 오히려 우리에게 하나님이 필요하다. 이 계명은 하나님이야말로 우리에게 필요한 전부시요 영구히 즐거워할 수 있고 즐거워해야 할 전부이심을 발견하라는 부르심이다.

아담과 하와는 자신들이 생각한 무언가가 하나님보다 낫다고 생각했다. 그들은 영광의 하나님을 아는 가장 큰 특권을 받았다. 그럼에도 자신들의 사명을 과일 한 입과 바꾸었고, 하나님에게서 벗어나야 참 생명을 찾을 수 있다는 거짓말과 바꾸었다.

우리도 다를 바가 없다. 모두 쾌락의 원리에 따라 움직인다. 모두 행복을 추구한다(심지어 불행에서 행복을 찾으며 그 불행에 남들을 동참시키려는 자들도 있다). 모두 자신이 원하는 무언가가 삶을 즐겁게 해준다고 판단하여 그것을 찾아 나서며 그것에 매달린다. 아담과 하와처럼 생명을 주신 장본인을 불신하고 다른 데서 생명을 찾으려 한다.

스티븐 차녹Stephen Charnock은 말한다.

[저마다] 마치……하나님이 자신을 행복하게 해주실 수 없는 것처럼, 다른 무언가가 더 있어야 하는 것처럼 행동한다. 그래서 탐식가는 미식을, 야심가는 명예를, 음란한 자는 정욕을, 탐욕스러운 자는 부를 신으로 삼는다. 결과적으로 그것들을 최고의 선이자 가장 고상한 목적으로 여기며 그리로 생각의 방향을 돌려 버린다.◈

그의 말이 맞다. 우리는 하나님이 주신 충동, 하나님을 사랑하고 그분에게서 즐거움을 찾고자 하는 충동을 그분이 만드신 세상을 향한 충동으로 바꾸어 버렸다. 하나님은 모든 것을 후히 주어 누리게 하셨지만(딤전 6:17), 죄에 빠진 우리는 그것들을 누리면서도 창조주는 거부한다. 그것이 우상숭배다.

제2계명이 그토록 놀랍고 좋은 소식인 이유가 여기 있다. 하나님은 타락 이후 그분이 아닌 다른 것으로 가장 깊은 갈망을 채우려 드는 우리의 원래 본성을 지목하신다. 그런 것에 마음으로 속박되지 말 것을 촉구하시며, 그로부터 해방되어 그분의 사랑 안에서 안식을 누리도록 부르신다.

존 던John Donne은 이것을 알았다. 인생의 보화를 좇아 방종하게 살고 정치권력과 돈을 추구했지만, 결혼한 후에는 아내와 함께 자녀들을 기르는 삶에 만족하며 살았다. 그는 인생의 쓰라림 또한 알았는데, 유년 시절에는 누이들을 잃었고 성인이 된 후에는 형제를 잃었으며 경제적 안정을 위해 분투하다가 나중에는 아내까지 잃는 가장 큰 타격을 입었다. 그는 이런 기쁨과 슬픔을 겪던 끝에 예수 그리스도의 사랑 안에서 평안을 찾았고(후에 세인트 폴 대성당의 주임사제가 되었다), 시와 설교를 통해 우리 마음을 사로잡는 그리스도의 사랑을 이야기했다. 그에게 무엇보다 필요한

◈ Stephen Charnock, *Discourses upon the Existence and Attributes of God*(New York: Robert Carter, 1874), p.148. 『하나님의 존재와 속성』, 송용자 옮김(서울: 부흥과개혁사, 2015).

것은 그리스도 안에 있는 하나님의 사랑, 질투하시는 사랑이었다. "오, 내가 누구를 사랑하든 개의치 않으신다면, 아아! 주는 날 사랑치 않으시는 것입니다."[◎]

던이 발견한 사실이 무엇인지 알겠는가? 하나님은 완전한 사랑으로 자기 백성을 **개의하신다**는 것이다. 그래서 질투하신다. 하나님은 사랑하는 자를 잃는다는 것을 생각하실 수 없으며, 그들이 각기 제 길로 가다가 죽도록 무관심하게 내버려 둔다는 것 또한 생각하실 수 없다. 그분은 사랑하신다. 그래서 경고하신다! 사랑의 반대는 미움이 아닌 무관심이다. "난 개의치 않는다"라고 하는 것이다. 사랑은 개의한다. 하나님은 자신을 위해 우리를 차지하실 것이다. 복음의 부르심과 능력이 여기 있다.

설교자가 다른 계명들과 마찬가지로 제2계명을 이해해야 하는 것은, 그 메시지를 남들에게 전하기 위해서일 뿐 아니라 설교자이자 제자로서 우리 자신에게 먼저 적용하기 위해서다. 누구보다 우리 자신이 가장 교묘하고도 위험한 우상숭배의 유혹에 직면해 있다.

갓 설교자가 된 사람이 설교를 시작하면서 알게 되는 사실은 새로운 도취의 세계에 들어섰다는 것이다. 자신이 말하면 사람들이 듣는다. 전에는 교회에서 보이지 않는 존재처럼 지냈는데,

---

◎   John Donne, "A Hymne to Christ, at the Author's Last Going into Germany"(1617), in *Metaphysical Lyrics and Poems of the Seventeenth Century*, ed. Herbert J. C. Grierson(Oxford: Oxford University Press, 1962), p.90.

이제는 모두가 자신을 주목한다. 게다가 설교 준비를 위해 본문을 숙독하고 주석을 찾아보면서 성경을 더 잘 이해하게 된다. 재능과 이해력이 커진 것을 친구들도 알아보고 감탄한다. 이처럼 새롭고 강력한 방식으로 사람들을 섬긴다는 사실에 감격한다. 하나님과 더 가까워진 것만 같다. 기도가 새삼 절실해지고, 응답받을 때 또 깊이 감격한다. 다른 설교자들에게도 발언하기 시작한다. 그들은 설교의 중요성(또한 어려움)에 대한 내 생각을 중시하고 지지해 준다.

이것은 다 좋은 일이지만, 따르는 위험이 없지 않다. 설교의 즐거움과 주님을 향한 헌신이 서로 경쟁관계에 놓일 수 있다. 성경이 자기 영혼에 적용하는 책이 아니라 남에게 가르치는 책이 될 수 있다. 설교가 사람을 섬기고 하나님을 높이는 일이 아니라 분명히 주어지는 보상 때문에 사랑하는 일이 될 수 있다. 우리는 이런 위험들을 차례대로 살펴볼 것이다. 일단은 이런 위험들에 주목할 때 마음에 떠오르는 몇 가지 질문을 용기 있게 던져 보자.

설교를 우상으로 숭배하는 위험에 빠졌음을 알려 주는 경고 표시들이 있다.

자기 영혼의 유익을 위해 성경을 읽지 못한다. 자기 영혼을 위해 성경 읽는 일이 더 이상 중요해 보이지 않는다. 남들을 위한 성경 연구에 매진한다. 실제로 성경을 읽기 위해 자리에 앉을 때, 어떻게 그 구절을 설교할지에 주목하게 되고 미처 깨닫기도 전에 설교 개요를 거반 준비하게 된다. 당신의 일이 확장되는 만큼 당신의 영혼은 쪼그라들기 시작한다.

설교 요청을 거부하지 못한다. 주일에 자신이 설교하지 않으면 초조해진다. 남이 설교하면 어느새 비평을 하기 때문에, 애써 노력해야만 설교되는 진리를 경청할 수 있다. 항상 더 설교할 기회를 찾는다. 부름받았으니 설교해야만 한다고 생각할 수도 있다. 자, 그것은 기정사실이다. 그러나 혹시 설교 강박증이 있는 것은 아닌가?

사역이 기분을 지배한다. 대단한 설교를 하면 고양된다. 설교한 후 비판이 들리거나 실패감이 느껴지면 몇날 며칠 황폐하게 지낸다. 모든 설교자가 알듯이, 설교에 다 쏟아붓고 나면 탈진 상태가 되면서 항상 기쁨이나 슬픔이(때로는 두 감정이 섞여서) 찾아오게 마련이다. 자신의 반응을 주시해서 보라. 어떤 감정이 찾아오는지를 보면 자신의 설교가 다른 이들을 위한 섬김인지 자기 필요를 채우는 방편인지 알 수 있다.

설교의 부르심은 설교단에서 남들에게 우상숭배 하지 말라고만 할 것이 아니라 자기 자신부터 우상숭배에 빠지지 않도록 마음을 지키라는 부르심이다. 예수 그리스도를 사랑하라는 부르심이다.

24. 우리의 명예인가, 주의 명예인가?

문. 제3계명의 가르침은 무엇입니까?
답. 설교할 때 하나님의 이름을 높이라는 것입니다.

❖

너는 네 하나님 여호와의 이름을 망령되게 부르지 말라.

출 20:7

혀. 단 하루 사이에도(때로는 몇 분 사이에도) 찬송했다가 욕하고 비난하며, 격려하고 축복했다가 신성모독적인 말을 하는 망나니 근육. 하나님이 마음의 소원과 혀의 말에서 우리를 건져 주시는 것은 그분의 명예가 거기 달려 있기 때문이다.

하나님의 이름은 곧 하나님의 모습이다. 우리가 생각하고 말하는 하나님은 단순히 세 글자로 이루어진 개념이 아니다. 친히 선포하신 바대로, 하나님은 그리스도 안에 계신다. 하나님께 기도하고 하나님을 전하면서도 마음이 흥분되지 않고 그 모습에 고정되지 않는다면, 사실상 뜻이 허탄한 데[우상에게] 있는 것이 아닌가?(시 24:4) 하나님이 친히 선포하신 모습을 생각으로도 높이고 말로도 높여야 한다. 그렇게 하지 않는 것은 신성모독이다.

하나님의 이름을 높인다는 것은 곧 그분을 사랑한다는 뜻이다. 아담은 에덴동산에서 하나님이 친히 선포하신 모습에 합당히 삶으로써 그분을 사랑하도록 부름받았다. 그러나 그는 즉각적인 만족감을 취하는 쉬운 길을 택했고, 하나님의 능력을 제 것으로 삼을 수 있다는 공허한 약속을 믿었다. 또 다른 동산에 계셨던 예수는 십자가 죽음의 고통이 기다리는 줄 알면서도 쉽게 피하는 길을 거부하셨다. 거룩하지 못한 죄인들 대신 스스로 죄가 되어 거룩한 진노를 받으심으로써 하나님의 이름을 높이셨다. 하나님을 높이는 것은 쉬운 일도 아니고 우리가 선택할 수 있는 일도 아니다.

설교자는 반드시 하나님을 높여야 한다. 이것은 명백한 사실이다. 대부분의 설교자가 금세 알게 되듯이, 갈등이 일어나는 힘든 상황에서 신실하게 계속 하나님을 사랑하는 것은 심히 고통스러운 일이 될 수 있다. 최근에도 사역하는 한 친구가 어찌나 험난한 시기를 거치며 살이 빠졌던지 모친이 암에 걸렸다고 생각할 정도였다. 완전히 소진되어 사역에서 물러나야 했던 친구들도 있다. 자기 죄 때문에 그런 경우도 있지만, 남들의 죄로 인한 압박감 때문에 그런 경우 또한 아주 많다. 그러나 설교자여, 자기연민에 빠지거나 남의 동정을 구하지 말고 자신이 치러야 할 대가를 현실적으로 받아들이라.

칼뱅은 우리가(특히 설교자들이) 어떻게 이 계명을 어기는지

말씀을 사랑하라

면밀히 살펴서 경고했다. "자기 야망이나 탐심이나 재미를 위해 신비한 것을 숭배하고 그분의 거룩한 말씀을 함부로 왜곡해서 오용하면 안 된다."◈ 각각의 위험은 아주 실제적인 것들로서, 철저히 살펴볼 필요가 있다.

야망. 죄된 야망은 설교 사역에서 여러 가지 형태로 나타난다. 당신의 야망은 무엇인가? 세계를 누비며 설교하는 슈퍼스타가 되길 바라는 사람은 거의 없어도, 설교를 통해 가정이나 교회나 동료 집단의 인정을 받고 싶은 유혹은 실제로 느끼지 않는가? 그러지 말라. 높이는 일은 주께로부터, 오직 주께로부터만 온다.

탐심. 설교가 직업인 사람은 점차 돈을 좇게 될 수 있다. 내가 "점차"라고 말하는 것은 처음부터 그런 야망을 가지고 설교하는 경우는 거의 없기 때문이다. 그러나 시간이 흐를 만큼 흐르고, 좌절도 겪을 만큼 겪고, 잘나가는 친구들을 부러워하는 마음 또한 커질 만큼 커지다 보면, 물질적인 탐심의 씨앗이 발아하여 기운을 막는 잡초로 자라게 된다. 불행히도, 처음에 품었던 희생적인 열심을 유지하는 설교자는 극소수에 불과하다.

재미. 설교는 훈련을 요구한다. 사역에 열매가 맺히려면 설교를

◈ 『기독교 강요』, 원광연 옮김(파주: 크리스천다이제스트, 2015).

준비하고 기도하는 훈련이 필요하며, 힘든 시기에도 꾸준히 나아가는 훈련이 꼭 필요하다. 우리는 재미있고 신나는 일을 바랄 때가 아주 많다. 물론 말씀을 전하는 설교자에게도 아드레날린은 도움이 된다. 그러나 아드레날린 자체를 추구하는 사람은 자기 재미를 추구하는 것이다. 카약을 타든지 산악자전거를 타든지 흥겨운 활동을 하라. 그러나 자기 쾌감을 위해 설교단에 서지는 말라.

기꺼이 힘든 말을 하겠는가? 하나님은 우리와 달리 듣기 싫은 말도 하신다. 설교자는 "하나님의 뜻을 다" 선포해야 한다(행 20:27). 성경에서 사람들이 안다고 생각하며 사랑하는 부분뿐 아니라 오히려 무시하려 드는 난감한 부분 또한 선포해야 한다. 책망하고 바로잡는 것은 사도가 시작하고 명령한 일이다(딤후 4:2). 하나님을 높인다는 것은 곧 그분의 모든 말씀을 선포한다는 뜻이다.

기꺼이 돋보이지 않고 주목받지 않는 사람이 되겠는가? 돋보이지 않는다고 지루한 것은 아니다. 지루한 설교자는 하나님의 말씀을 매력적으로 전하는 법을 배우든지, 자신이 무슨 일로 부름받았는지—사실상 설교로 부름받지 않은 것은 아닌지—확인해 보아야 한다. 우리 중 누구도 주목을 끌려는 거룩하지 못한 짓을 해서는 안 된다. 설교단에서 자신을 과시하는 것은 아닌가? 그리스

말씀을 사랑하라

도의 향기보다 자신의 냄새를 풍기길 좋아하는 것은 아닌가? 수가 적고 '전략적이지 못한' 회중에게도 기꺼이 설교하겠는가? 더나아가, 눈에 띄지 않는 곳에서 주목받지 못하는 사역을 평생 할수 있겠는가?

기꺼이 그리스도를 위해 열심히 일하겠는가? 설교를 하면서 무릎이 꺾이거나 몸이 부서지는 듯한 느낌을 받은 적이 없는 사람은 충분히 오래 설교하지 않았거나 이 일에 충분히 헌신하지 않은 것이다. 예레미야 48:10에는 읽기 불편한 말이 나온다. "여호와의 일을 게을리하는 자는 저주를 받을 것이요." 전임으로 설교하든 아니든, 보수를 받고 설교하든 아니든, 설교는 일이다. 종종 즐겁기도 하고 때로 인정받기도 하지만, 어쨌든 일이다. 감히 게을리해서는 안 된다.

하나님은 죄인들을 아들에게로 인도하는 설교자의 사역을 통해 자신의 명예를 얻고자 하신다. 그렇다면 당신의 명예는 무엇일까? 우리 하나님의 위대하심을 선포하는 것이다. 언젠가 이 엄청난 사명을 내려놓을 날 "우리는 무익한 종이라. 우리가 하여야 할 일을 한 것뿐이라"라고 말할 수 있는 은혜를 주시길(눅 17:10), 지금이나 그때나 그분의 영광을 위해 섬기는 특권에 압도적인 경외감을 느끼게 하시길 구한다.

칼뱅의 말처럼 "하나님에 대해 무슨 생각을 하고 무슨 말을 하든지 그분의 탁월하심이 풍겨 나야 하고, 그 거룩한 이름의 고

귀함에 어울려야 하며, 최종적으로 그분의 위대하심에 영광이
돌아가야 한다."◈

◈ 같은 책.

25. 멈추라!

문. 제4계명의 가르침은 무엇입니까?

답. 설교로 의로워지려 하지 말고, 살아 있는 하나님의 말씀이
신 예수 그리스도가 다 이루신 일에 만족하며 그 안에서
안전하게 쉬라는 것입니다.

❖

이미 믿는 우리들은 저 안식에 들어가는도다.

히 4:3

안식은 죄가 아니다. 휴식은 죄가 아니다. 하나님은 쉬라고 명하
신다. 안식의 복을 약속하신다. 이 말씀을 있는 그대로 받아들이
면 얼마나 좋을까! 이 말씀으로 자연스럽게 찾아오는 초조함과
싸우면 얼마나 좋을까! 최고로 좋을 때나 최악으로 나쁠 때나,
설교와 설교 준비를 내려놓고 단순히 멈출 필요가 있다.

그런데 어떻게 멈추어야 하는지 아는가? 모든 설교자가 경험
하는 두 가지 시나리오—최고일 때의 시나리오와 최악일 때의 시
나리오—를 생각해 보라.

당신은 이제껏 설교한 중에 최악의 설교를 했다. 밤새 뒤척이고 난 월요일 아침에 깨닫는 사실이 그것이다. 너무나 지루한 설교에 자신도 크게 실망했고 남들도 크게 실망했을 것이 확실하다. 그래서 죽을 만큼 괴롭다.

누구나 그렇게 치명적으로 잘못된 설교를 할 때가 있다. 그러나 최고로 뛰어난 설교를 할 때도 있다. 성령의 역사가 분명하게 나타나고, 설교자와 청중 모두 하나님의 능력을 느끼며, 그리스도를 더 깊이 기뻐하게 된다. 그런 설교는 마음에 남게 마련이다. 때로는 그 기억 때문에 또 다시 최고의 설교를 하기 위해 무의식 중에 더 심하게 자신을 몰아붙이며 더 열성적으로 설교 사역에 매달리게 된다. 그러다가 탈진해 버린다.

당신은 이런 세계에서 살고 있지 않은가? 그런데도 설교 사역을 '제대로 된 일'로 여겨 주는 경우가 드문 것이 현실이다. 당신이 세상 직업을 가지고 있으면, 자신들이 주말에 윈드서핑을 하거나 공원에서 축구를 하듯 당신도 주말 취미활동으로 설교하는 것처럼 생각한다. 당신이 목사라 해도 일요일이 사실상 근무일임을 이해하는 사람이 거의 없으며, 탈진하도록 일하는 상황을 이해하는 사람은 더더욱 없다. 그럼에도 설교는 일이다. 그것도 아주 벅찬 일이다.

설교자를 포함한 많은 이들이 의욕적으로 보이고 싶어 한다. 그래서 대부분의 설교자가 자신을 다그친다. 이것은 좋은 일이지만 지독히 나쁜 일이 될 수도 있다. 위대한 무슬림 개척 선교사

헨리 마틴Henry Martin은 "하나님을 위해 소진되고 싶다"라고 했는데, 불행히도 그의 소원은 이루어졌다. 자신을 다그치며 사역하다 보면 결혼생활과 사역이 파탄 나고 건강이 무너질 수 있다. 소진되도록 일하는 것은 하나님의 뜻이 아니다. 사탄의 전략이다.

쉬라. 멈추라. 주중에 아무리 힘든 일이 있어도 하루는 쉬고 일하지 말라. 안식일은 하나님이 주신 언약의 선물이자 오늘날 교회에 주시는 명령이다. 주일에는 설교하느라 에너지를 쓰기 때문에 따로 쉬는 날을 찾을 필요가 있다. 배우자와 가족이 있다면 그들과 보낼 시간을 확보하라. 좋은 친구관계를 유지하고 발전시키라. 휴가를 얻으라. 집과 사역 현장을 떠날 수 있는 활동을 하거나 취미를 가지라. 전임 사역자라면 교회 지도자들에게 안식년을 갖는 문제—속도와 상황과 우선순위에 변화를 줄 수 있는 안식과 재충전의 시간을 길게 갖는 문제—를 꺼내라. 건전한 정신을 가지고 정상적인 생활을 하라. 쉬어야 스트레스와 압박감에서 벗어난다. 안식은 하늘에서 내려오는 선물이다. 인간답게 살라. 하나님은 오히려 인간답게 처신하는 것을 좋아하신다.◆

우리가 알아 두어야 할 착오가 한 가지 있다. 휴가는 휴식을

◆ 이 주제를 이해하기 쉽게 실용적으로 다루고 싶다면 크리스토퍼 애쉬Christopher Ash의 *Zeal without Burnout: Seven Keys to a Lifelong Ministry of Sustainable Sacrifice*(n.p.: The Good Book Company, 2016)를 보라. 데이비드 머리David Murray의 탁월한 책 *Reset: Living a Grace-Paced Life in a Burnout Culture*(Wheaton, IL: Crossway, 2017)는 내가 아는 한, 이 분야의 최고의 책이다. 『리셋하라!』, 정성묵 옮김(서울: 디모데, 2019).

주고 정신과 육신을 재충전해 준다. 그러나 외국에서 오랜 휴가를 보낸다고 해서 설교의 불안이 치유되는 것은 아니다. 불안은 영적 신경증에서 오는 것이다. 그토록 설교로 인정받으려 하는—의로워지려 하는—이유 자체를 다루도록 도와줄 복음의 역사가 필요하다.

많은 설교자가 직접 할 수 있는 가장 좋은 일은 자신의 불안을 고백하는 것이며, 그 불안이 사역에 드러나고 있다는 사실과 자신을 다그치려는 유혹이 있다는 사실을 고백하는 것이다. 인근 교회에서 큰 사역을 한다는 말을 들으면 주눅이 들고, 비판을 받으면 무너진다. 그러나 무엇보다 심하고 파괴적인 것은 자기 머릿속에서 들리는 소리일 것이다. 자기 자신이 문제다. 충분히 훌륭하지 못한 자신을 몰아세운다. 당신도 기꺼이 인정하는 사실 아닌가?

이 싸움을 단순히 정신적인 문제로 생각하거나 더 나아가 개인적인 문제로 생각하지 말라. 이 싸움은 당신의 마음으로 이어지며, 하나님의 자녀이자 제자로서 사는 삶까지 이어진다. 당신이 진정 예수 그리스도의 복음을 믿는지 아닌지가 이 싸움을 통해 드러난다. 설교의 부르심을 어떻게 생각하는지 보면 당신이 복음을 어떻게 생각하며 얼마나 깊이 믿는지 알 수 있다.

설교자를 의롭게 하는 복음의 간략한 요점 세 가지가 여기 있다. 이 복음 안에서 우리는 참으로 쉴 수 있다.

1. 예수는 믿는 자에게 약속하신 죄 사함의 안식을 주고 하늘을 열어 주기 위해 십자가에서 일하셨다. 우리를 구원하기 위해 땀 흘리셨고, 십자가에 달려 몸부림치셨으며, 숨을 헐떡이셨고, 피를 흘리며 죽으셨다. 경건치 못한 무뢰배뿐 아니라 하나님을 섬기는 설교자들을 위해서도 그렇게 하셨다.

그분은 우리가 결코 성취할 수도 없고 성취하지도 못할 모든 일을 우리를 위해 성취하셨다. "다 이루었다"라는 것은 그 일을 완성하셨다는 선언이다(요 19:30). 십자가는 평안을 전하며 죄 사함의 안식을 준다. "이미 믿는 우리들은 저 안식에 들어가는도다." 이것은 다른 어떤 것으로도 얻을 수 없는, 하나님의 사랑과 은총으로만 얻는 안식이다. 예수는 안식일의 주인이시다. 이 말은 그분이 우리에게 안식을 명령하시는 주인이시라는 뜻이며, 우리 영혼에 필요한 안식을 위해 일하신 유일한 분이시라는 뜻이다.

2. 당신을 위해 일하시고 죽으신 분의 말씀에 귀를 기울이고 반응하라. 청중의 마음이 완고하고 냉소적일 때 설교는 몹시 짓눌리는 일이 될 수 있다. 그런데 설교자의 마음도 완고하고 냉소적이 될 수 있다. 우리를 구원한 바로 그 복음을 망각하고 때로는 믿지 않으려 든다. 복음에 귀를 기울이라. 다시 귀를 기울이라. 예수는 "내게로 오라"라고 하신다.(마 11:28). 호레이셔스 보나 Horatius Bonar 의 말 그대로다.

기대어라. 지친 자여,

네 고개를 내 품에 기대어라.❖

설교자 자신이 먼저 듣고 주의를 기울이며 거기에 전부를 걸지
않은 채 남에게 전하는 복음은 공허한 것이다.

3. 최악의 설교도 최고의 설교만큼 당신에게 구원이 된다. 다시
말해서, 최고로 좋을 때뿐 아니라 최악으로 나쁠 때도 아버지가
사랑으로 기쁘게 용납해 주심을 믿을 필요가 있다. 당신은 이미
의로워졌다. "의롭다"라는 것은 그리스도의 공로에 근거하여
성령의 능력으로 하나님이 선언하시는 말씀이다. 설교로 의로
워지려 하지 말고 하나님의 살아 있는 말씀이신 예수 그리스도
가 다 이루신 일에 만족하며 그 안에서 안전하게 쉬어야 한다. 이
번에도 『하이델베르크 요리문답』이 도움이 된다.

제103문. 하나님이 제4계명에서 요구하시는 바는 무엇입니까?

답. 첫째는 복음 사역과 주일학교에 계속 참여하라는 것입니
다. 특히 안식일, 즉 주일에 부지런히 하나님의 교회를 찾
아 그분의 말씀을 듣고, 성례를 행하며, 공적으로 주를 부
르고, 가난한 자를 돕기 위해 헌금하라는 것입니다. 둘째는

❖ 통일찬송가 467장 1절 다시 옮김.

말씀을 사랑하라

평생 악한 일을 끊고 주께 자신을 양도함으로써, 그분이
성령을 통해 내 속에서 일하시게 하라는 것입니다. 그러면
이생에서 영원한 안식일이 시작된다는 것입니다.[*]

이 문답이 설교자에게 주는 메시지는 무엇일까? 불안한 일꾼이
아니라 그리스도로 만족하는 제자로서 주일을 누리라는 것이다.
우리는 예배를 통해 하나님께 자신을 드리며, 교제를 통해 교회
가족에게 자신을 준다. 그리고 자기 설교로 의로워지려는 시도
를 거부한다. 예수께 자신을 양도하고, 그분의 의에 굴복하며, 그
분의 사랑 안에서 쉰다.

[*] *Our Faith: Ecumenical Creeds, Reformed Confessions, and Other Resources*(Grand
    Rapids: MI: Faith Alive Christian Resources, 2013), p.107.

26. 존중하라

문. 제5계명의 가르침은 무엇입니까?
답. 하나님의 말씀 가르치는 자들을 공경하며 그 가르침에 순
　종하라는 것입니다.

❖

하나님의 말씀을 너희에게 일러 주고 너희를 인도하던 자들을 생각하며.

히 13:7

엄마 아빠는 중요하다. 아무리 엄청난 잘못을 했어도 나를 길러
준 사람은 존중해야 한다. 믿는 부모든 믿지 않는 부모든 존중하
지 않는 것은 복음 신앙을 부인하는 불순종의 행동이다. 제5계
명의 실질적인 가르침이 그것이다(상세한 설명이 필요하면 딤전
5:8을 참조하라). 하나님은 율법과 복음을 통해 존중해야 할 자리
에서 존중하도록 가르치시며, 실제로 존중할 수 있는 힘을 주신
다. 존중은 쉽지 않지만 반드시 필요한 태도다.

　제5계명을 듣고 순종해야 할 자리는 가정만이 아니다. 이 계
명의 범위는 가정을 훌쩍 뛰어넘어 제자의 삶 전체를 포괄한다.

하나님은 가정이든 사회든 교회든 그분이 주신 권위가 있는 모든 자리에서 존중하길 원하신다. 소득세 신고나 도로 제한 속도를 비롯한 무수한 법규는 세상의 규칙을 존중함으로써 우리를 이곳에 살게 하신 예수에 대한 사랑을 나타낼 기회를 제공한다.

당신은 어떻게 하고 있는가? **존중**을 말하는 데는 대가가 필요치 않지만, 행동으로 옮기려면 큰 대가가 필요하다. 누구나 존중받길 원하지만 존중하기는 어려워한다.

존중은 서서히 얻는 것임을 빨리 배워야 한다. 설교자는 불안한 족속이다. 남들이 자신과 자신의 사역을 어떻게 생각하는지 몰라 노심초사한다. 존중하지 않는다는 표시가(실제 그렇든 우리 생각 속에서 그렇든) 조금이라도 나타나면 낙담하며, 청중이 정말 자신을 좋아하는지 아닌지 여부에 집착한다. 그리스도인들 중에도 영적 청소년기에서 벗어나지 못한 자들이 있다. 그들은 자기 생각을 과시하며 그럴 권리가 있다고 생각한다. 교회생활에 제대로 참여하지 않고 교회 지도자들의 권위도 인정하지 않는다. 때때로 미묘한 회피 전략을 사용하며 명백히 도전적인 행동을 하기도 한다. 그런 자들은 많은 십대들이 그렇듯 스스로 근사한 것처럼 생각하지만, 하나님의 말씀은 그렇게 평가하지 않는다. 그들은 심히 미성숙한 자들, 애정 어린 도움이 필요한 자들에 불과하다. 설교자는 이 문제에 신중히 직면할 대책을 찾아야 한다. 신자들이 하나님의 말씀 전하는 자들을 존중하라는 부르심을 이해하고 그 부르심에 응해야 한다는 사실을 깨달을 때, 위대한 영적 진보의 날이 찾아온다.

설교자는 남에게 존중받길 기다리기보다(성경은 그렇게 가르치지 않는다) 자신이 공경해야 할 대상을 어떻게 공경할 것인지부터 생각해야 한다. 혼자 저절로 설교자가 되는 사람은 없다. 우리는 모두 환경의 산물이다. 우리의 현 사역에 영향을 끼치는 요인들도 있고, 그리스도인이 된 초기 단계에 우리를 형성해 준 요인들도 있다. 우리 모두 다른 설교자들에게 깊은 영향을 받았다. 개중에는 이미 세상을 떠나 영광 중에 있는 이들도 있고, 책으로만 접한 수백 년 전 인물들도 많다. 직접 만날 일은 없지만 설교 다운로드를 통해 계속 그 사역의 축복을 전해 받는 동시대 설교자들도 있다. 하나님이 그들을 크게 사용하여 우리 삶에 영향을 끼치셨다.

그들을 공경하라. 이것이 제5계명에 순종하는 길이다. 영적 선조들과 사역의 멘토들을 주신 하나님께 감사드리라. 그들에게 배우라. 그들이 말하는 내용과 방식을 배우라. 다른 모든 설교자들처럼 그들도 가지고 있는 약점이 무엇인지 파악하고 그것을 피하라. 실제로 당신이 제일 좋아하는 설교자를 모방하지 않도록 조심하라. 그들은 그들이고 당신은 당신이다. 하나님은 당신이 자기 개성껏 진리를 표현하길 기다리신다.

살면서 만나는 설교자들도 존중하라. 훌륭하고 경건한 설교자일수록 같은 부르심을 받은 형제를 찾게 되어 있다. 주목받기 위해 서로 다투거나 경쟁하지 않는다. 경건한 설교자는 요청이 있을 때 기꺼이 지원하고 조언한다. 같은 지역에서 같은 일을 하는 형제들을 멀리하는 설교자는 그 진실성에 빈틈이 있는 것이다. 설교자라면 당연히 형제 설교자들을 지원해 주고 지원받으려 하지 않겠는가? 어떻게 멀리하면서 공경할 수 있겠는가?

교인들은 상호 공경이 없는 세속적인 환경에서 생활한다. 일터에서 매일 험담이나 배신이나 그보다 더 심한 위험에 노출된다. 교회에 올 때는 그와 아주 다른 문화 속에서 평안과 자유를 찾아야 한다. 그리스도의 몸 안에서 이루어지는 모든 관계에 공경과 존중의 분위기가 있어야 한다. 설교자도 마찬가지다. 지지를 갈구하는 설교자는 미성숙한 자로서, 무조건적인 용납의 복음 안으로 더 깊이 들어갈 필요가 있다. 설교자는 어떻게든 다른 사람을―교회 지도자든 술수를 쓰는 가장 거북한 교인이든―공경해야 한다. 권위를 가진 이들을 공경할수록 권위가 없는 이들을 공경하기가 쉬워진다.

그러면서 우리가 발견하는 사실은 주님이 우리에 앞서 그렇게 하셨다는 것이다. 그분은 항상 부모를 공경하셨고, 창기와 세리에게 자신을 내주셨다. 또한 목숨을 노리는 당국자들의 손에 자신을 넘기셨다. 이것이 제5계명에 순종하는 태도다. 여기에는 가장 큰 대가가 필요하다. 그럼에도 순종할 때, 하나님은 높임을 받으시고 많은 사람이 축복과 격려를 받는다.

27. 종의 마음을 가진 종

문. 제6계명의 가르침은 무엇입니까?
답. 어떤 식으로든 사역으로 해를 끼치지 말라는 것입니다.

❖

사랑이 없으면 내가 아무것도 아니요.

고전 13:2

우리 교회에 살인한 사람이 한 명 있었다. 출석 교인들은 그 조용한 중년 남자가 감옥에 다녀온 사실을 알았지만, 죄명을 묻는 것은 도리가 아니라고 생각했다. 당신이라도 그렇지 않았겠는가? 오직 장로들만 사정을 알고 있었다. 그는 주일마다 정기적으로 교회에 출석하여 점잖고 올곧은 이들과 나란히 회중석에 앉았다. 사실은 같은 살인자들 옆에 다른 살인자가 앉은 것이다.

다름 아닌 주님이 그렇게 말씀하신다. 주님은 우리 마음에 사랑 대신 미움을 품는 것이 곧 제6계명을 어기는 죄라고 가르치신다. 무자비한 생각을 하고 무자비한 말로 그 생각을 공유하면 살인한 것이다(마 5:21-23). 주님께 사랑받았던 제자도 같은 말

말씀을 사랑하라

을 한다. "그 형제를 미워하는 자마다 살인하는 자니 살인하는 자마다 영생이 그 속에 거하지 아니하는 것을 너희가 아는 바라"(요일 3:15). 회중석이라고 안전한 것이 아니며, 설교단이라고 안전한 것 또한 아니다. 설교자는 사랑 없는 마음과 이기적인 목적을 가지고 설교함으로써 똑같이 쉽게 이 계명을 어길 수 있다.

고린도 교인들을 기억하는가? 은사 때문에 자신감이 넘쳤지만 정작 은사를 받은 이유는 망각한 이들이 교회를 가득 채우고 있었다. 그들은 은사를 사용하는 주된 동기가 사랑에 있음을 망각했다. 우리처럼 그들도 성령의 능력을 알고 싶어 했다. 실제로 사역에 필요한 은사를 받았고, 그 은사를 발휘하고 싶어 했다. 그러나 사도 바울은 그 모든 것이 와르르 무너져 내릴 수 있음을 알았다. 고린도전서 13장에 나오는 강력한 경고와 섬기는 참 사랑의 모습은 수많은 설교자를 그 위험에서 구해 주었다. 이 빛나는 장을 네 항목으로 나누어 살펴보자.

1. **사랑 없는 은사는 화려한 쇼에 불과하다.** 방언? 와우! 예언? 역시 멋지다. 많은 사람이 이목을 끄는 확실한 은사를 받고 싶어 한다. 이런 은사를 구하지 않거나 오늘날 이른바 은사의 발현에 회의적인 설교자들도 능력 있는 설교자가 되고 싶어 한다. 고린도 교인들처럼 우리 모두 산을 옮기는 강한 믿음을 갖고 싶어 한다. 자, 바울은 사랑이 없으면 이런 은사들이 다 쓸데없다고 경고한

다(1-2절). 가장 큰 은사를 가진 설교자가 자신이 섬기는 이들의 실제 필요를 완전히 무시한 채, 이른바 자기 '사역'을 가차없이 추구하는 가장 무자비한 사람이 될 수 있다.

2. **희생도 악취를 풍길 수 있다.** 당신도 남을 위해 피를 흘릴 수 있다. 그런데 단순한 의무감이나 강철 같은 의지나 하나님과 다른 누군가에게 무언가를 얻으려는 바람으로 그럴 수 있다. 설교자는 섬기길 좋아하며, 대부분 열심히 사역하는 데서 행복을 느낀다. 바로 거기에 위험이 있다. 사랑이 없으면 우리는 가짜가 되고 우리 노력은 잘못이 된다(3절). 희생은 진정한 설교 사역에 꼭 필요하지만, 희생한다고 사역이 정당화되는 것은 아니다.

3. **사랑의 모습은 이런 것이다.** 교회는 때로 독이 든 연못이 될 수 있다. 그렇지 않은가? 이것은 주님이 성령으로 말미암아 거하시는 처소가 교회임을 기억할 때 더더욱 우리를 우울하게 만드는 사실이다. 자, 교회는 상태가 가장 나쁠 때의 우리와 다를 바 없는 사람들로 가득하다. 바울이 사랑의 속성을 열거하는 이유가 여기 있다. 그는 사랑에 관한 예쁜 시를 쓰지 않는다. 그 대신 우리의 유독한 태도와 습관에 해독제가 되는 강인한 자질들을 서술한다(4-7절). 그 자질들을 숙고하고, 회개하며, 우리 삶 속에 그런 자질들이 생기도록 기도해야 한다. 그러면 새로운 삶의 습관과 태도로 사랑의 삶을 잘 살아갈 방법을 깨닫는 은혜가 임한다.

말씀을 사랑하라

참지 못하는 그리스도인, 무례한 그리스도인, 다투는 그리스
도인, 자기를 과시하는 그리스도인, 자만하는 그리스도인, 과민
한 그리스도인, 앙갚음하는 그리스도인, 용서하지 않는 그리스도
인, 이 목록에서 **그리스도인**을 **설교자**로 바꾸어 보라. 상당히 거
슬리게 들리지 않는가? 우리는 대부분 설교단에서 죄를 언급할
때 자기 죄 또한 고통스럽게 인식한다. 상대적으로 대하기 어려
운 청중을 참아 줄 수 있는 인내를 구하며, 그들을 더 사랑하기
위해 노력한다. 그러면서도 여전히 마음속에 여러 가지 죄를 감
추어 두거나, 주변에 보이는 죄보다 더 심한 죄는 짓지 않는다는
사실에 만족할 수 있다. 주님이 우리를 낮추어 주시길! 날마다
우리 삶에서 다름 아닌 예수의 광채가 빛나길 바라신다는 것을
알게 해주시길!

4. **사랑은 영구하나 교회 일은 끝이 있다.** 사랑은 땅 위에서 사
는 천국의 삶이다. 천국이 영원하듯 사랑도 영원하다. 화려한 은
사는 언젠가 사라진다(8절). 모든 것이 밝혀지기에 방언과 예언
은 쓸모가 없어진다(9-10절). 설교와 설교자도 마찬가지다. 우리
는 언젠가 장성하여 어린아이의 일을 버릴 것이며, 무엇보다 주
목과 호감을 얻으려는 욕망을 버릴 것이다(11절). 예수를 뵙고
그분을 귀히 여기며 중히 여길 것이다. 결국 우리는 보이는 것으
로—그리스도의 몸 안에서 공유하는 귀한 은사일지라도—행하지
않고 믿음으로 행하는 자들이다. 믿는 것에 만족하고, 소망하는

것에 만족하며, 진심으로 사랑하라. 세상을 넘어 사랑하는 자가
세상을 넘어 영원히 산다.

28. 신실한 매력

문. 제7계명의 가르침은 무엇입니까?

답. 설교의 대상을 사랑하지 못함으로써 사역에 신실치 못하면 안 된다는 것입니다.

❖

간음하지 말라.

출 20:14

처음부터 그러려던 것은 아니었다. 우리는 만인 중에서 설교로 부름받았다. 흥분에 압도되었던 것이 바로 엊그제 일이었다. 우리는 사랑에 빠졌다. 하나님의 사랑을 받고 사랑에 빠졌다. 그분이 우리를 아들에게로 인도하셨고, 자신의 때와 섭리에 따라 설교 사역으로 부르셨다. 그 떨림이 얼마나 컸던가! 우리 자신이 설교단에 선다는 것을 거의 믿을 수가 없었고, 참으로 열심을 다해 소중한 사람들에게 설교했다. 우리 가슴은 터질 듯했다. 어떻게 우리가 설교로 부름받았을까?

처음부터 그러려던 것은 아니었다. 그런데 사랑이 휘청거렸다. 하나님의 진리를 선포하는 일을 영원히 사랑할 줄 알았는데, 실망이 찾아왔다. 설교를(또는 예화를, 또는 우리를) 좋아하지 않는 사람이 생겼고, 그런 일을 한 열 번쯤 겪다 보니 자신이 여전히 사람들을 좋아하는지 갸웃거려졌다. 서른 번, 백 번쯤 겪은 후에는 사랑이 식고 시선이 흔들리며 마음에 의문이 생겼다. 과연 이런 대가를 치르면서까지 이들을 섬길 필요가 있을까? 누구보다 설교자를 이렇게 대접하면 안 되지 않을까? 그럴 때 간음이 문을 두드리며 우리를 부른다.

설교자는 간음의 유혹을 받는다. 그 유혹에 넘어가면 완전히 다윗과 밧세바처럼 되는 것이며, 결혼 서약을 깨뜨리고 본인과 사랑하는 이들을 파멸시키는 남녀처럼 되는 것이다. 나는 간음의 잔재를 가까이에서 보아 왔다. 포르노를 보는 것도 화를 자초하는 간음이다. 내 친구들 중에도 포르노의 올가미에 걸려 사역과 부부관계뿐 아니라 주님과 동행하는 삶을 해치고 심한 자기혐오에 시달리는 설교자들이 있다. 간음은 그와 관련된 모든 사람을 죽이게 되어 있다.

그러나 깨끗한 손과 순결한 몸으로 저지르는 간음, 아무도 보지 못하는 간음, 본인도 거의 고백하지 않고 인식조차 못하는 간음이 있다. '다른 것'을 탐하는 마음의 정욕이 바로 그것이다. '다른 것'이 무엇일까? 자신이 현재 가지지 못한 회중이나 상황이나 성공이나 인정이다(월급도 포함될 수 있다). '다른 것'이 실제 사람이든 장소든 상상 속의 무엇이든, 설교자는 하나님께 받은 것을 사랑하는 대신 자신이 마땅히 누릴 자격이 있다고 생각하는 무언가를 차지하고 싶은 유혹을 받는다.

처음부터 그러려던 것은 아니었다. 그러나 유혹에 넘어가면서 무력해진다. 자진해서 감정의 포로가 되어 버린다. 그 감정을 키우고 합리화한다. 내가 그렇게 느끼니 그 감정은 옳은 것이라고 생각한다. '다른 것'을 원해도 될 만큼 정말 설교를 잘 하고 있다고 생각한다.

그러나 주된 죄는 간음 자체가 아니다. 하나님의 선하심을 의심하는 것이다. 간음은 하나님이 후한 사랑으로 마련해 주신 동산을 보면서도 "이게 다예요?"라고 묻는 아담과 하와의 마음에서 시작된다. 간음은 자아를 사랑하는 것으로서, 그러다 보니 쉽게 자기 연민에 빠져 버린다. 자기 연민은 하나님이 그 지혜로 주지 않겠다고 하신 것을 탐내게 함으로써 제 역할을 완수한다. 간음은 금지된 나무를 쳐다보며 "꼭 가져야겠어"라고 말한다. 이처럼 마음으로 죄를 지으면 정신과 몸이 항상 뒤따르게 되어 있다.

용기를 내서 솔직해질 필요가 있다. 복음 전하는 특권 자체를 기뻐한 적이 언제인가? 주님이 이 일로 불러 주신 것에 대해 최근에 감사한 적이 있는가? 무엇에 실망하고 무엇과 싸우는지 정직하게 고백했는가? 마음에 담아 두고 불만과 억울함을 키우는 것은 아닌가? 요컨대, 하나님을 선하고 후하신 분으로, 유일하게 내 마음을 만족시켜 주시는 분으로 알고 있는가? 자신이 갖지 못한 것에 집착하고 그것을 점점 더 갈망하면서 마음이 더 냉랭해지고 회의적이 되는 것은 아닌가?

형제여, 우리는 사랑받는 자들이다. 복음은 과거와 미래를 통틀어 피조세계와 온 세상에서 가장 큰 연애 사건이다. 복음에 나타난 하나님의 사랑은 그 아들에게, 또한 아버지와 아들이 사랑하시는 모든 자에게 천국의 노래가 되고 전능하신 하나님께는 기쁨이 된다. 우리는 이 사랑을 충만히 알기 위해 구속받았다(엡 3:14-19). 이 사랑보다 오래가고, 이 사랑보다 빛나며, 이 사랑보다 만족시키는 사랑은 없다. 어떻게 이런 사랑을 능가할 수 있겠는가?

"하나님의 사랑 안에서 자신을 지키며"(유 1:21). 그리스도를 통해 이처럼 사랑받는 자가 되었으니, 그 사랑을 탐구하고 그 사랑 안에 머물며 그 사랑에서 만족을 얻으라.

모든 지킬 만한 것 중에 더욱 네 마음을 지키라.
생명의 근원이 이에서 남이니라(잠 4:23).

환경은 생명의 근원이 되지 못한다. 생명은 은혜 안에 있고, 은혜는 주 예수 그리스도를 통해 변화된 마음과 정신, 그리스도와 가까이 사는 마음과 정신에 있다. "마음은 참된 신앙에서 가장 중요한 것으로서 마음이 없으면 청결하게 살 수 없다"라고 토머스 왓슨Thomas Watson은 썼다.◇ 마음을 지키라. 여기 마음을 지킬 수 있

◇ Thomas Watson, *The Pure in Heart*, in *The Beatitudes*(Pensacola, FL: Chapel Library, 2008), p.4. 『팔복해설』, 라형택 옮김(서울: CLC, 1990).

말씀을 사랑하라

는 아홉 가지 방법이 있다.

1. **하나님의 말씀으로 마음을 지키라.** 당신은 무엇으로 마음을 먹이고 있는가? 매일 당신의 마음에 필요한 것은 하나님 말씀의 약속과 격려와 경고와 진리다. 설교 준비를 마음의 양식으로 삼지 말라.

2. **기도하는 마음을 지키라.** 기도는 위대한 실체이신 하나님과 함께 사는 것이다. 기도로 하나님께 마음을 드리라. 하나님과 함께 살라. 그분이 당신의 마음을 채우시며 만족케 하실 것이다.

3. **감사하는 마음을 지키라.** 사탄은 하나님이 행복을 주실 수 없다고, 하나님은 선하시지 않다고, 하나님으로는 충분치 않다고 말할 것이다. 그러나 눈을 떠서 하나님이 당신에게 주셨고 지금도 주시는 모든 것을 바라보라. 그리고 감사하라. "마음이 즐거운 자는 항상 잔치하느니라"(잠 15:15).

4. **불평하지 않도록 마음을 지키라.** 자기 마음에 똑똑 떨어뜨리는 불평이든 남의 마음에 철썩철썩 튀기는 불평이든, 불평은 독이다.

> 미련한 자는 당장 분노를 나타내거니와
> 슬기로운 자는 수욕을 참느니라(잠 12:16).

5. **초조해지지 않도록 마음을 지키라.** 아주 간단히 말해서, 초조함은 비참함을 낳는다. "그러나 자족하는 마음이 있으면 경건은 큰 이익이 되느니라"(딤전 6:6).

6. **권력을 사랑하지 않도록 마음을 지키라.** 예수는 "사람의 생명이 그 소유의 넉넉한 데 있지" 않다고 하셨다(눅 12:15). 많은 설교자들(특히 목사들)은 소유가 많지 않다. 우리가 탐하는 것은 능력과 영향력이다. 그것들은 생명을 주지 못하며 대개는 오히려 빼앗아 간다.

7. **성적 유혹에 빠지지 않도록 마음을 지키라.** 정욕은 파멸시키고, 포르노는 죽이며, 성적인 죄는 자격을 박탈하고 사람을 황폐하게 만든다. 정욕을 미워하고 두려워하라.

8. **좋은 그리스도인 친구들에게 마음을 열라.** 죄는 사생활을 지키길 원한다. 너무 혼자 지내고 있다면, 좋은 그리스도인 친구의 책임지는 사랑 없이 살고 있다면, 부디 이 말을 진지하게 듣기 바란다.

9. **혼자서는 마음을 지킬 수 없음을 알라.**

주여, 저는 헤매기 쉽고

사랑하는 하나님을 떠나기 쉬운 것을 아나이다.

혼자서는 마음을 지킬 수 없다. 당신은 혼자 살도록 부름받지 않았다.

주여, 제가 드리는 마음을 받으시고 인을 쳐 주소서.
하늘 궁전의 인을 쳐 주소서.❖

❖ 통일찬송가 28장 3절 다시 옮김.

29. 바치라

문. 제8계명의 가르침은 무엇입니까?
답. 설교라는 힘든 일에 마음과 영혼을 아끼지 말고 바치라는
   것입니다.

✧

도둑질하지 말라.

출 20:15

도둑질은 남들이나 짓는 죄 아닌가? 도둑질은 신문가판대 주변
에서 힐끔거리며 행인의 가방이나 전화기나 지갑을 노리는 10대
소년들이나 하는 짓이다. 농부와 제조업자가 열심히 수고해서
생산한 물품을 헐값에 사들이는 대기업들이나 하는 짓이다. 자
신들에게 투표하여 권력을 쥐어 준 이들을 착취하는 개발도상국
의 부패하고 실패한 정권이나 하는 짓—더 가깝게는 국내의 정권
또한 때때로 하는 짓—이다. 그러나 우리는 도둑이 아니다. 설교
자는 도둑이 아닌 것이 확실하지 않은가?
   너무 그렇게 자신하지 말라. 자신이 마음놓고 있는 죄가 대개

는 목을 조르는 법이다. 한번 자문해 보라. 당신은 어떻게 도둑을 잡아내는가? 도둑을 알아보려면 도둑질이 무엇인지부터 알아야 한다. 도둑질은 내 것이 아닌 무언가를 차지하는 것이다. 놀라울 게 없다. 제8계명이 짧은 것은 이것이 간단한 문제이기 때문이다. 오히려 우리의 어려움은 이 계명의 범위가 너무 넓어서 실제로 아무도 지킬 수 없다는 데 있다. 도둑질이 있으면 도둑도 있는 것이다. 돈과 자원과 시간과 기회를 훔치는 도둑질이 있고, 감정의 에너지를 훔치는 도둑질도 있으며, 내 돌봄이 필요한 사람에게 그 돌봄을 주지 않는 도둑질도 있다.

설교자도 도둑질을 할까? 안타깝지만 그렇다. 나는 실제로 은행을 털려 했던 한 사람과 남의 설교를 베꼈다가 엄청난 곤경에 빠진 두 사람을 알고 있다. 설교 도둑질은 오랫동안 들키지 않고(본인조차 의식하지 못한 채) 계속될 수 있다는 점에서 더 교묘하고 사실상 더 해로운 죄다. 다른 모든 범죄가 그렇듯이, 도둑질도 반드시 희생자를 만들어 낸다.

설교를 듣는 이들이 마땅히 받아야 할 존중을 도둑질할 수도 있다. 교만하게 굴거나 은근히 무시하거나 무례하게 대하거나 함부로 대할 수 있다. 예수 그리스도가 아닌 자기 자신에게 사역의 초점을 맞춤으로써 하나님의 영광을 도둑질할 수도 있다. 너무 오래 설교함으로써, 5분이나 10분 일찍 마쳤어야 할 설교를 더 길게 끌어 사람들을 지치게 함으로써 그들의 에너지와 시간을 훔칠 수도 있다. 실망스럽게도 그 목록은 길다.

설교와 관련하여 한 가지 강조하고 싶은 죄는 설교 준비라는 힘든 일에 마음과 영혼을 바치는 대신, 거기 들여야 할 시간과 에너지를 아끼는 것이다. 눈에 띄지는 않지만 아주 파괴적인 이 잘못에 대해 함께 생각해 보자.

분명히 밝히지만, 나는 설교 준비를 사랑한다. 매주 한두 군데 성경 본문을 깊이 파고들 때 느끼는 떨림을 사랑한다. 그러나 이처럼 사랑함에도—모든 설교자가 아는바, 오직 설교자만 아는바—설교단에 서기 위한 준비는 시간이 많이 들고 지치는 일이다. 내 서재에 있는 엽서에는 제인 오스틴Jane Austen의 이런 글귀가 적혀 있다. "준비하다가, 어리석게 준비하다가 인생을 망칠 때가 얼마나 많은지!" 물론 이것은 설교 준비를 염두에 둔 말이 아니며, 설교자에게 반드시 필요한 설교 준비는 결코 어리석은 일이 아니다. 그러나 끝이 없고 부담이 큰 데 비해 때때로 돌아오는 보상이 거의 없어 보이는 일이기는 하다. 나도 어떻게든 이 훈련을 면하고 싶은 유혹을 받는다.

매주 설교 준비에 충분한 시간을 투자하는 것은 의지적인 행동이다. 자기 훈련의 약속이다. 우리는 나머지 일정이 빡빡해질 줄 알면서도 충분한 시간을 내기로 작정한다. 설교 준비는 지극히 큰 사랑의 행동이기도 하다. 우리의 바람은 자기 재능을 최대한 사용해서 교인들을 섬기는 것이다. 그 때문에 실제로 사람들의 눈에 띄지 않는데도 설교로 유익을 끼치기 위해 열심히 준비한다.

물론 훔치지 말라고 해서 다른 설교자들의 훌륭한 통찰까지 얻지 말라는 말은 아니다. 기도하면서 직접 본문을 연구하는 일을 대체할 만한 것은 없다. 그러나 연구한 후에는 주석도 참조하고, 두터운 신학서적도 찾아보며, 자신이 다루는 주제에 관한 책들도 읽어 보아야 한다. 본문에 나오는 쟁점과 관련된 비그리스도인 사상가들의 관점들을 검토할 뿐 아니라 다른 설교자들이 어떻게 그 본문을 설교했는지도 들어 보아야 한다. 나는 대체로 운동하거나 운전할 때 아이팟으로 일주일에 두세 편씩 설교를 듣는다. 만약 당신의 설교가 기막히게 독창적이라면, 이단적이든지 아주 형편없든지 둘 중 하나거나 둘 다일 것이다. 우리보다 훨씬 훌륭한 이들이 오랫동안 성경에 대해 글을 써 왔고, 오늘날도 설교하고 있다. 그들에게 접속하라.

그럼에도 설교 준비는 힘든 일로서, 그렇게 힘들 때는 부담을 줄일 방법을 찾아내야 한다. 이전 자료들을 다시 활용함으로써 시간을 절약할 수 있다. 본문을 숙지했다고 생각하면 원고를 작성하지 말고 기억에 의지해서 설교하라.◆ 최악의 경우는 남의 설교를 베끼는 것이다. 인터넷 시대에 산다는 것은 바쁜 설교자들이 '뛰어난 설교자' 사이트에 올라온 가장 훌륭한 설교들을 재활

◆ 나는 원고 없는 설교에 반대하지 않으며, 가끔 원고 없이 설교하기도 한다. 내 관찰에 따르면, 설교 없는 설교는 첫째, 회중에게 큰 감명을 주며(회중이 원고 없이 설교하는 당신에게 감명을 받는 탓에 하나님의 영광을 도적질할 위험이 있다), 둘째, 본문을 철저히 연구하지 못한 부족함을 가리는 역할을 한다. 서재에서 열심히 연구한 후 원고 없이 설교하거나 약간의 메모만으로 설교하면 훌륭히 덕을 세울 수 있다. 그러나 이런 위험들에 주의하기 바란다.

용하려는 유혹에 노출된다는 뜻이다. 아무쪼록 당신이 접할 수 있는 최고의 설교자를 통해 본문에 대한 통찰과 그 본문을 다루는 방식을 배우기 바란다. 그러나 설교에는 생명이 있어야 하며, 설교자의 생명은 성령이 본문과 본문의 메시지를 마음에 불붙여 주실 때만 생겨난다. 남의 설교로 생명을 얻으려 하는 사람은 조만간 사기꾼으로 전락한 자기 모습을 발견할 것이다. 주님과 그분의 백성을 섬기는 일에 속임수를 쓰지 말라.

바울은 고린도 교인들에게 도전한다. "항상 주의 일에 더욱 힘쓰는 자들이 되라. 이는 너희 수고가 주 안에서 헛되지 않은 줄 앎이라"(고전 15:58). 이 말은 때를 얻든지 못 얻든지 주의 깊게 설교를 준비하라는 뜻이다. 우리는 빡빡한 주간 일정표 속에 필요한 설교 준비 시간을 마련하기 위해 분투한다. 주의가 산만해지지 않도록 자신을 훈련한다(설교 준비 시간에 전화를 받지 않고 이메일이나 인터넷을 확인하지 않는 것은 필수사항이다). 예수와 그분의 백성에게 바치는 사랑의 선물로서, 힘들고 지치지만 긴요한 이 일을 한다. 그렇게 하지 않는 것은 당연히 도둑질이 된다.

30. 말씀을 참되게 전하라

문. 제9계명의 가르침은 무엇입니까?

답. 사역하면서 참되지 않은 말을 하지 말라는 것입니다.

❖

오직 사랑 안에서 참된 것을 하여.

엡 4:15

거짓말은 여러 형태로—과장하기, 진실 감추기, 진실 가리기, 진실
을 다 말하지 않기, 잘못 말하기, 아첨하기, 의도를 감추기, 남의 말
하기, 중상하기로—나타나는 짐승이다. 아마 다른 형태도 떠올릴
수 있을 것이다. 어떤 형태든 거짓말 때문에 당신은 상처를 입었
을 것이며, 남에게도 상처를 입혔을 것이다. 이사야처럼 우리도
본능적으로 하나님 앞에 "입술이 부정한 백성"이다(사 6:5).

성경은 소극적인 명령—"거짓 증거 하지 말라"—을 내릴 때,
종종 적극적인 명령—"사랑 안에서 참된 것[말]을 하여"—도 함
께 내린다. 사도가 "진리를 사랑하라. 그리고 바로 입을 열라"라
고 하지 않는다는 데 주목하라. 내 관점이나 필요는 무시한 채 자

신이 애지중지하는 확신을 강요하며 나를 교정하려 드는 열성적 그리스도인의 공세에 시달린 경험이 다들 있을 것이다. 그것은 진리는 사랑할지 몰라도 사람은 전혀 사랑하지 않는 태도다. 설교자가 그런 태도를 가진 교회는 불행하다. "거짓 증거 하지 말라"라는 계명에 순종하라는 것은 '상대방을 짓뭉개는 한이 있어도 진리를 말하라'는 뜻이 아니라 '사랑으로 남들을 섬기기 위해 진리를 말하라'는 뜻이다.

바울이 에베소서 4:15에서 보여주는 광경은, 온 교회가 예수 그리스도와 연결되어 각 지체가 헌신적으로 그분을 영화롭게 하며 그 안에서 서로 유익한 말을 서로의 삶에 넣어 주는 일에 헌신하는 것이다. 교회에서 발언하는 모든 이들 중에서도 설교자는 특히 더 이 훌륭한 우선순위를 추구하며 본을 보여야 한다. 설교단에 '적나라한 진리'란 없다. 진리에는 손길이 필요하다. 이 말은 풍성하고 진실한 사랑으로 전달해야 한다는 뜻이다.

확실히 짚고 넘어가자. 죄를 있는 그대로 지적하지 말고 솔직히 말하지 말라는 것이 아니다. 우리는 항상 진리를 말해야 한다. 불편하고 긴장되더라도, 그 때문에 사랑을 잃더라도 진리를 말해야 한다. 우리는 우리 팬이 아닌 예수 그리스도의 제자를 만들도록 부름받았다. 예수는 진리의 사람이셨으며, 그분의 진정한 종 또한 진리의 사람이어야 한다. 평강이 없는데도 "평강하다, 평강하다" 하는 설교는 예부터 성경에 등장했던 거짓말로, 항상 거짓 선지자의 입에서 흘러나와 정죄를 받았다(예컨대 렘 6:13-15, 겔

13:10을 보라). 스펄전은 이렇게 선언한다.

> 하나님의 사신을 자처하며 부드러운 말로 다가와 우리 마음에 내내
> 반역을 조장하는 자, 우리가 하늘의 위엄에 반항하며 살고 있는데
> 도 살살 달래 주는 자를 용서하느니, 차라리 우정을 가장하여 손을
> 내밀었다가 심장을 찌르는 자객을 용서할 것입니다.◈

그렇다면 어떻게 설교자로서 마음과 입술을 삼갈 것인가? 우선
세 가지를 해보라.

진리와 진리의 하나님을 사랑하라. 예수는 참 하나님이시요 영생
이시다(요일 5:20). 우리가 하는 모든 일은 그분의 영광을 위한 것
이자 그분 안에 있는 생명과 은혜의 표현이다. 설교에 다른 목표
는 없다.

이 확신을 가지고 있는가? 아들 안에 있는 참 복음의 영광에
사로잡혀 있는가? 자기 마음의 헛된 영광(아니, 우상)을 높이는
것은 아닌가? 이처럼 깊숙하고 개인적인 차원에서 진리를 저버
린 자는 거짓된 삶을 살고 있는 것이다. 우리는 사는 대로 말하게
되어 있다. 우상숭배자가 서 있는 설교단은 안전하지 않다.

◈ C. H. Spurgeon, "A Blast of the Trumpet against False Peace"(February 26, 1860),
   in *The New Park Street Pulpit*, vol. 6(London: Passmore and Alabaster, 1860), p.117.

그리스도의 몸에 해를 끼치고 그리스도의 이름을 세상 앞에서 더럽힐까 두려워하라. 그리스도의 신부는 구주의 사랑을 받는 존재다. 그분은 신부의 허물을 다 아시면서도 불멸의 사랑으로 사랑하신다. 신부에게 거짓말을 하거나 뒤에서 험담하거나 권위를 남용하지 않으시며 사익을 위해 신부를 이용하지 않으신다. "하나님을 본받는 자"가 되라는 것은 우리도 그분처럼 온전한 사랑을 하라는 뜻이다(엡 5:1). 이처럼 그리스도는 교회와 교회의 사역에 자신의 명성을 맡기셨다. 그런데도 감히 설교를 오용하고 하나님의 백성을 기만함으로써 구주의 이름을 더럽히겠는가?

자기 마음을 살펴 사역의 거짓 동기를 제거하라. 당신이 사역하는 이유는 무엇인가? 처음에 설교를 시작한 이유는 무엇인가? 특히 사역이 힘들 때 계속해서 설교하게 만드는 힘은 무엇인가? "예수 그리스도의 복음을 전함으로써 그분을 섬기고 싶은 불타는 열망 때문"이라는 답변이 나오지 않는다면, 당신의 사역은 곤경에 처할 것이다. 아주 실망스럽게도 자기 만족을 위해 사역을 이용하게 될 것이다. 그렇게 되면 정말 큰일이다.

설교자는 사역을 이용해서 자기 목표를 이루고 싶은 유혹에 직면한다. 그 목표가 인기일 수도 있고, 사람들의 주목일 수도 있으며, 자기 영향력을 확인할 때 느끼는 흥분일 수도 있다. 설교단을 경제적 안정의 방편으로 삼는 자들도 있다. 어떤 식으로 설교단을 오용하든, 가장 먼저 희생되는 것은 진리다.

왜 그럴까? 자동적으로 아첨하고 과장하며, 심지어 원하는 바를 달성하기 위해 전적인 거짓말을 하게 되기 때문이다. 설교를 통해 자신의 똑똑함과 중요성과 사랑스러움을—자신이 정체성의 기반으로 삼는 그 밖의 특징들—을 전달하려 든다. 자신이 정한 목표에 기여하지 못하는 하나님의 진리, 예수가 중심에 계신 온전한 진리가 거추장스러워진다. 신실하게 설교하는 말씀에는 요구가 따르기에 당신이나 청중이나 심히 불편해지고, 당신의 교만은 그런 불편함을 오래 허용하지 못한다. 결국 말씀 설교는 점점 줄어들고 자기 말은 늘어난다.

이제 출발점으로 돌아왔다. 사랑 안에서 참된 말을 하라는 것은 사람들을 사랑하기로 작정할 때만 지킬 수 있는 명령이다. 당신의 사역이 자기애의 여정이 된다면, 사람들은 얻는 바가 없을 것이요 당신 자신은 더더욱 얻는 바가 없을 것이다. 은혜로써 자신의 마음과 일을 만왕의 왕 앞에 내려놓을 때에야 비로소 진리와 사랑으로 충만한 말을 하게 된다. 오직 그때만 설교자는 참되게 왕을 섬길 수 있다.

31. 저항하라

문. 제10계명의 가르침은 무엇입니까?
답. 남의 사역과 은사를 욕심내지 말라는 것입니다.

❖

탐내지 말라.

출 20:17

우리 사역을 통해, 우리 사역 가운데 하나님의 능력이 나타나길 갈망해야 할 우리가 탐내지 말라는 계명에 순종한다는 것은 무엇을 의미할까? 어떻게 하면 죄가 되는 평범한 사역으로 물러앉지 않으면서 만족하라는 명령에 순종할 수 있을까? 어떻게 하면 정신을 좀먹는 탐심을 허용하지 않으면서 친구나 오래전 영웅의 열매 많은 사역을 면밀히 연구하고 우리에게 더 큰 은사를 주시길 기도할 수 있을까?

설교자를 심리적으로 압박하는 가장 큰 숙제 한 가지는, 이처럼 현재 경험하는 하나님의 은혜에 만족하면서도 어떻게든 더 큰 복을 갈망하는 것이다. 이 일이 쉽다고 말한 이는 없다. 설

말씀을 사랑하라

교자 자신의 영광을 욕심내면서—또는 남의 영광을 탐내면서—
하나님의 영광을 갈망하기가 얼마나 어려운지도 알려 준 이가
없다.

탐심은 사역을 무너뜨린다

"탐내지 말라." 이 계명은 남들이나 남들이 하나님께 받은 것을
어떻게 대하는지 살펴보도록 도전한다. 물론 우리 자신과 하나
님이 우리에게 주신 삶의 방식을 어떻게 대하는지도 살펴보도록
도전한다. 사역에는 부러워하는 마음이 끼어들 소지가 아주 많
다. 우리는 기본적으로 어느 부분에서 감사하지 못하고 부러워
하는가? 교인들의 소유—집, 월급, 차, 휴가—를 탐내는 것은 아
닌가? 설교자들 중에도 상승가도를 걷거나 회의 연단에 서는 사
람이 있다. 분명 우리가 더 재능이 많은데도(그리고 더 경건한데
도) 그 사람이 복받는 이유가 무엇인가? 우리가 받아야 할 것 같
은 주목과 초청을 받는 이유가 무엇인가? 왜 그의 교회와 명성은
저리 크고 월급과 추종자 또한 저리 많은 것인가?
　세상에서는 탐심이 능력으로 보일 수 있다. 능력 있는 자들은
항상 더 많은 것을 요구하며 그것을 얻고자 일하고 분투한다. 그
러나 하나님이 보시기에 탐심은 약점이다. 탐내는 자는 초조하고
기쁨이 없다. 그를 감내해야 하는 주변 사람들에게 끔찍한 동료가
된다. 설교자는 자신이 놓지 못하는 야망을 '잃은 자를 위한 열정'

이나 '그리스도를 위한 열심'으로 포장하곤 한다. 심지어 그 마음이 정직한 것이라는 확신을 많은 이들에게 심어 주기도 한다. 그러나 사실은 더 많은 사람이 자신의 설교를 듣는 짜릿한 쾌감을 얻고 거물급 설교자로서 명성을 높이고 싶은 것일 수 있다. 늘 더 많은 것을 갈망하는 설교자는 하나님이 이미 주신 것에 점점 더 만족하지 못하게 된다. 주님을 향한 사랑이 식고, 교인들에 대한 조바심이 생기며, 현재 부름받은 일이 아닌 다른 일이나 부름받은 곳이 아닌 다른 곳을 바라는 갈망에 잠식된다. 탐내는 사람은 사실상 약한 자다. 탐내는 설교자는 누구보다 약한 자일 수 있다.

탐심의 가장 큰 약점은 대개 믿음이 없다는 것이다. 탐심은 근본적으로 하나님을 하나님으로 인정하길 거부하는 마음이다. 말씀은 그분이 지혜로우시고 선하시며 후하시다고 말한다. 그런데 당신의 마음은 그분이 인색하고 사랑이 없으며 무관심하다는 마귀의 속삭임을 그대로 따라 한다. 이처럼 뱀에게 다시 물리고 나서 자기 인생과 사역을 바라보면 '내가 참 불쌍하다'라는 생각이 든다. 하나님은 말씀에 나오는 선하신 사랑의 하나님이 아니라는 마귀의 독이 든 거짓말을 믿고, 그의 암시에 따라 머릿속에 떠오르는 이기적인 괴물을 하나님으로 여기게 된다. 이 거짓말이 살아 있도록 내버려 둘 때, 독에 감염된 당신의 마음은 탐내게 된다.

탐심은 하나님이 주신 삶과 사역을 받아들이지 않는 것이다. 하나님의 지혜로우심과 후하심을 신뢰하지 않는 것이다. 현재의 조건을 주신 하나님을 신뢰하지 않는 것은 곧 그분께 사랑과 지혜

말씀을 사랑하라

가 없다고 비난하는 것과 같다. 탐심은 악하고 추하고 위험하다.

만족은 마음과 사역을 구해 준다

그렇다면 어떻게 이 계명에 순종할까? 여기 네 가지 조언이 있다.

1. 하나님을 하나님으로 믿으라.

그분은 가장 깊고 불변하며 거룩한 만족을 주시는 분이라는 의미에서 "복되신 하나님"이시다(딤전 1:11). 그분은 좌절하거나 스트레스를 받거나 속을 태우지 않으신다. 모든 일에 공평하시며, 모든 일을 사랑으로 하신다(시 145:17). 만족하는 종에게는 이런 주인의 성품이 투영된다.

만족하시는 하나님은 당신이 만족하길 원하시며 당신의 만족을 위해 일하신다. 존 뉴턴은 "하나님은 당신에게 필요한 모든 것을 주신다. 그분이 주시지 않는 것은 필요치 않은 것이다"라는 기막히게 멋진 말을 했다.◈ 이 말은 제자이자 설교자인 당신의 삶에도 그대로 해당된다. 불신앙은 하나님이 좋은 것 대신 나쁜 것을 주신다고 말하며, 그때 우리 마음은 탐심의 욕망에 사로잡혀 반역하게 된다. 욕망은 하나님이 내놓지 않는다고 여기는 좋은 것을 차지하려는 가련한 노력이다. 이런 어리석은 생각과 욕

◈ 『존 뉴턴 서한집』, 이상원 옮김(파주: 크리스천다이제스트, 2011).

망을 품었다면 회개해야 한다. 그분은 우리에게 가장 좋은 일을 행하시고 가장 좋은 것을 주시는 선하신 분이다. 우리가 원하는 것이 현재 없다면 그 편이 유익하기 때문에 주지 않으신 것이다. 우리한테 필요하기 때문에 주지 않으신 것이다. 그분을 신뢰하라.

2. 무슨 불만이 있는지 확인해서 몰아내라.

당신은 어느 부분에서 자기 것이 아닌 것을 탐내고 있는가? 어느 부분에서 하나님의 섭리에 대한 만족감을 그분이 주시지 않은 것에 대한 초조한 갈망으로 바꾸어 버렸는가? 구체적으로 찾아보라. 없으면 못 살 것 같은 은사나 성공이나 환경이나 즐거움을 열거할 수 있는가? 한번 확인해 보라. 그것들을 고백하고, 그것들을 원하는 진정한 이유를 깨닫도록 성령의 도우심을 구하라. 당신의 마음을 보여달라고, 불만을 끊어 달라고, 그리스도 안에 있는 하나님의 선하심에 집중하게 해달라고 구하라.

3. 당신이 받은 복을 나열해 보고 찬양하라.

내 육체와 마음은 쇠약하나
("내 사역 또한 쇠약하나"라고 덧붙일 수 있다)
하나님은 내 마음의 반석이시요 영원한 분깃이시라(시 73:26).

하나님께 무엇이든 받을 자격이 우리에게 있을까? 전혀 없다. 우리의 은사와 소유는 전부 은혜로 받은 것이다. 특권의식은 탐심을 살찌운다. 그리스도 안에 있는 하나님의 사랑 외에 내세울 어떤 자격도 없음을 예민하게 인식할 때 겸손해지며 만족하게 된다. 우리 삶에 주신 모든 은사를—사람들과 환경과 특권과 사역을(때로 그 때문에 흘리는 눈물까지도)—본연의 모습 그대로 보게 된다. 감사로 헤아려 소중히 간직할 하나님의 기막힌 축복으로 보게 된다.

4. 예수를 아는 것이 곧 만족이다.

"자족하는 마음이 있으면 경건에 큰 이익이 되느니라"(딤전 6:6). 복음의 아름다움은 탐낼 필요 없이 충분하다는 데 있다. 예수 그리스도 안에 있는 하나님의 사랑은 진실로 충족하고 만족스러운 것이다. 우리의 정체성은 소유나 바람이나 남들의 인정에 있지 않다. 우리의 만족 또한 성공이나 성취나 다른 무엇에 있지 않다. 우리는 아들 안에 있는 하나님의 사랑이 주는 평안을 알도록 창조되었다. 복음은 이 평안을 알라고 부를 뿐 아니라 이 평안을 알수 있는 힘을 준다.

32. 율법의 핵심

문. 설교자를 위한 십계명을 요약하면 무엇입니까?

답. 설교 자체가 아닌 하나님과 이웃을 사랑하는 것이야말로
율법의 목표라는 것입니다.

❖

네 마음을 다하고 목숨을 다하고 뜻을 다하고 힘을 다하여 주 너의 하나님
을 사랑하라.……네 이웃을 네 자신과 같이 사랑하라.

막 12:30-31

어느 설교자가 한 가지를 묻기 위해―필시 주장하고픈 것이 있
어서―예수께 나아왔다. "모든 계명 중에 첫째가 무엇이니이
까?"(막 12:28) 지혜나 볼거리나 둘 다에 굶주려 예수를 따르던
무리는 당시 지도자를 자처하던 바리새인들을 항상 비판하실 줄
알았다.

그러나 선생의 대답은 확실히 건전했다. "하나님을 사랑하
고 네 이웃을 사랑하라." 그것은 견실한 대답이요 견실한 정통
신학이었다. 그들 모두 믿었던 모세의 말을 예수도 믿으셨다(신

6:4-5). 그런데 그 대답에 결정적인 말을 덧붙이셨다. "네가 하나님의 나라에서 멀지 않도다"(막 12:34). 이 말의 근본적인 의미는 '이것은 중대한 신학이니, 네가 정말 믿고 그대로 사는지 확인해 보라'는 것이었다. 바른 구절을 머리로 알고 입으로 말하는 것만으로는 부족하다. 우리가 받은 부르심은 하나님—이 진리를 말씀하실 뿐 아니라 은혜가 필요한 모든 이에게 은혜를 베푸시는 분—을 사랑하라는 것이다. 설교자여, 이것은 바로 당신에게 하시는 말씀이다.

기독교 신학에서 가르치는 몇 가지 진리는 아주 간단하다. 하나님이 실재하시며 선하시다는 진리, 그분을 첫 자리에 모시고 남들을 사랑하는 데 우리 삶의 정수가 있다는 진리는 어린아이도 아는 것이다. 당신도 알고 나도 아는 것이다. 그런데 그 간단한 진리에 걸려 넘어질 수 있다. 어찌어찌 부르심을 따르는 와중에 '설교란 하나님과 사람을 사랑하는 행위'라는 간단한 신학을 잊어버릴 수 있다. 사랑이 없는 설교는 아무것도 아니다. 설상가상으로 자기 자신조차 하나님 나라에서 멀어져 버린다.

당신은 설교를 사랑하도록 부름받았는가? 조심해서 대답하라. 함정에 빠뜨리려는 것은 아니지만 위험이 내포된 질문이다. 실제로 설교 자체를 사랑하는 길로 잘못 가면 안 된다. 하나님이 누구시며 아들을 통해 무슨 일을 하셨는지 선포하는 것이 설교라면, 그 선포와 그 일에 참여하라는 부르심을 사랑하지 않을 자가 있겠는가? 설교는 우리 마음의 사랑을 차지하는 일이다. 프린

스턴 대학에서 공부한 제임스 알렉산더James W. Alexander는 "우리 중 누구도 설교자의 직무가 지닌 가치를 마땅히 알아야 할 만큼 알지 못하는 것은 아닌지 두렵다"라고 했다.◈ 이것은 저평가된 설교자가 자기 연민에 빠져 불평하는 말이 아니다. 설교가 그리스도 안에 나타난 하나님의 뛰어나심을 선포하는 것이라면, 그 설교자의 일이야말로 가장 중요하지 않겠느냐는 견해를 피력한 것이다. 설교자는 이 일을 사랑해야 한다.

사랑은 언제나 사람을 사로잡게 되어 있다. 사로잡지 않는 것은 사랑이 아니다. 설교가 우리를 사로잡아야 한다. 은혜에 의지하여 최선을 다하도록 우리를 몰아가야 한다. 알렉산더는 연이어 말한다. "설교단에서 강력해지려면, 설교를 준비하고 전하는 동안 자신의 정신이 도달해야 할 시야를 최대한 확보한 가운데, 자신이 다루는 모든 진리의 영향을 마땅히 받아야 할 만큼 받으며 자신이 설교하는 주제로 넘치도록 충만해져야 한다."◎ 이것은 헌신의 언어, 헌신적인 사랑의 언어다. 설교자라면 누구나 이일에 온전히 전념하도록 부름받았음을 알 것이다.

설교자는 야망을 품어야 한다. 적어도 우리는 그래야 한다. 사람들이 우리 사역을 통해 부활하신 그리스도를 만나길 갈망하지 않는다면, 설교를 통해 대체 무엇을 이루겠다는 것인가? 이에

◈ James W. Alexander, *Thoughts on Preaching: Being Contributions to Homiletics* (Edinburgh: Banner of Truth, 1975), p.9.
◎ 같은 책, p.11.

말씀을 사랑하라

훨씬 못 미치는 수준에 만족하며 거의 아무것도 바라지 않는 거 짓 경건을 뿌리 뽑을 필요가 있다. 어떤 이들은 정통 교리만 설교 하면 하나님이 영광을 받으신다고 생각한다. 그리고 이처럼 볼 품없는 영성의 근거로 이사야 55:11을 인용한다. 청중은 공허함 을 느끼는데, 우리는 말씀이 하나님께로 헛되이 돌아가지 않는 다는 구절에서 위안을 받고 청중도 그러길 바란다. 그러나 그리 스도를 제사함으로써 청중이 그분을 믿고 영접하게 만들지 못 한다면, 대체 무엇을 성취했다고 할 수 있겠는가? 말씀의 열매가 맺히길 갈망하며 기도하지 않고, 단지 말씀 내용만 전하는 것을 목적으로 삼는 설교자는 하나님을 높이는 종이 아니다.

그러나 여기에 숨은 위험이 있다. 정도는 다르지만 모든 설교 자가 그 위험에 빠진 경험이 있을 것이다. 설교에 마음을 바치고, 그 사랑이 되돌아와 자신의 모든 필요를 채워 주길 기대하는 사 람은 쓰라린 실망을 겪게 되어 있다. 설교는 사랑을 되돌려주지 않는다. 설교 자체가 마음을 채워 주길 기대할 수 없다. 설교 사 역에서 자기 삶을 찾으려 하는 설교자는 자신을 속이는 것이며 설교를 우상으로 섬기는 것이다. 설교는 지나간다.

그러나 하나님과 그분의 나라는 결코 사라지지 않는다. 하나 님과 그분의 백성은 언제나 설교자의 사랑을 받을 자격이 있으 며, 그 사랑을 요구한다. 항상 우리 중에 있는 잃은 자들에게도 우리의 가장 깊은 사랑이 필요하다. 나와 당신은 주님이 요구하 시는 탁월함을 놓치지 말고 그 탁월함에 이르고자 애쓰면서 설교해야 한다. 결국 가장 중요한 일은 주님과 이웃을 사랑하는 것이다. 그것이 설교단에 섰을 때든 아니든 우리가 응해야 할 가장 높은 부르심이다.

제4부.   확신을 가지고 설교하라

33. 사역을 신뢰하라

문. 왜 설교를 믿어야 합니까?

답. 예수가 복음의 말씀을 통해 자신을 제시하시기 때문입니다. 이 진리의 반석 위에 굳게 서야 합니다.

❖

사람이 의롭게 되는 것은 율법의 행위로 말미암음이 아니요 오직 예수 그리스도를 믿음으로 말미암는 줄 알므로 우리도 그리스도 예수를 믿나니 이는 우리가 율법의 행위로써가 아니고 그리스도를 믿음으로써 의롭다 함을 얻으려 함이라. 율법의 행위로써는 의롭다 함을 얻을 육체가 없느니라.

갈 2:16

자신의 설교를 믿으라. 믿지 않으면 실제로 금방 혼란에 빠져 버린다. 설교는 자신의 세상과 백성을 대하시는 하나님의 방식이다. 따라서 당신이 청중을 대하는 설교단은 하나님의 것이다. 당신이 당신의 일을 하는 동안 하나님은 자신의 일을 하신다. 예수는 당신이 선포하는 말씀을 통해 자신을 제시하신다. 청중도 이것을 믿어야 하지만, 당신도 똑같이 이것을 믿어야 한다.

믿음은 들음에서 난다(롬 10:17). 성령은 놀라운 은혜의 선물로 믿음을 주시며, 우리가 듣는 하나님의 말씀을 통해 그 믿음을 지켜 주신다. 이 정도는 우리도 믿고 있다. 그러나 설교자는 매주 그 믿음이 흔들리는 것을 수없이 보게 된다. 주일 아침마다 사방에서 밀려오는 낙심 속에서 믿음을 붙잡기 위해 극심한 마음의 싸움을 벌이곤 한다.

설교자로 살아온 삶을 조금만 돌아보아도 도저히 잊을 수 없는 기억들이 소환된다. 자신이 설교할 때 연신 고개를 끄덕이며 깊은 잠에 빠지는 이들이 있었다. 어떤 요점을 말할 때 인상을 찌푸리고 거의 무의식적으로 고개를 가로저으며 시선을 피하거나 설교가 끝난 후 자신을 피하는 이들도 있었다. 설교에 감사를 표하지만 그 다음 6일간은 설교의 가르침과 정반대로 사는 이들도 있었다. 주중 사역을 할 때도 심적인 고통을 겪는다. 사람들은 절망과 죄와 무관심과 산만함의 깊은 수렁에 빠져 지낸다. 설교를 오해하거나 까맣게 잊어버린다. 교인들이 최근에 생긴 인근 교회―기적만 있고 성경은 없는 교회―의 신나는 행사를 즐기러 가는 무리에 낄까 봐 두려운 날도 있다.

이런 예는 얼마든지 더 들 수 있고, 당신도 끔찍했던 경험을 덧붙일 수 있을 것이다. 요점은 분명하다. 자신의 설교로 진정한 믿음이 생기고 영적인 성장이 일어나는 모습을 목격하는 만큼, 크게 낙심되고 걱정스러운 일도 많이 보게 된다. 사탄은 우리의 낙심을 기뻐하며, 우리가 그 속에서 허우적대도록 유혹한다. 설교에 자신감을 잃도록 유혹한다. 우리 중에는 오래 설교해 왔음에도 이미 자신감을 잃어버린 이들이 있다.

우리가 하는 일에 대해 진정한 자신감을 회복할 수 있는 방법이 있을까?

『웨스트민스터 소요리문답』은 가장 우선적인 사실들로 돌아가게 해준다. 설교의 부르심을 받기 전, 당신을 위한 모든 일이 시작된 지점으로 돌아가게 해준다. 그 일은 예수로부터, 그분을 믿음으로써 시작되었고, 지금도 계속되고 있으며, 장차 완성될 것이다. 이 간단하고도 간단한 진리를 처음부터 전부 다시 배워야 한다. 요리문답을 들어 보라.

제86문. 예수 그리스도를 믿는 믿음이란 무엇입니까?

답. 예수 그리스도를 믿는 믿음이란 곧 구원의 은혜로서, 우리는 그 은혜를 받아 복음에 제시된 그리스도만 의지하여 구원을 받습니다.◈

『소요리문답』이 믿음을 "구원의 **은혜**"라고 말한다는 점에 주목하라. 믿음은 공로가 아니다. 구원은 주님께 속한 일로서, 그 안에는 그리스도가 이루신 구원 역사를 받아들이는 믿음의 은사가 포함되어 있다(엡 2:8, 1:19). 참된 구원의 믿음은 다름 아닌 그리

◈ 『웨스트민스터 소교리문답』, 제86문답.

확신을 가지고 설교하라

스도의 성령이 우리 마음속에서 일하신 결과물이다. 우리 자신의 경험이 이 진리를 확증해 준다. 예수가 우리를 위해 죽으시고 다시 살아나셨다. 그 일이 있었기에 성령의 능력이 임하여 죄를 깨우치시고 회개와 믿음의 선물을 주시는 것이다. "하나님이 우리를 사랑하시는 사랑을 우리가 알고 믿었노니"(요일 4:16).

은혜는 죄 속에서 줄타기를 하다가 헛디뎠을 때만 필요한 안전망이 아니다. 죄에 염증을 느낄 때 마지막 수단으로 하나님을 찾게 하는 것이 아니다. 우리한테는 필요 없고, 남들한테만 전하면 되는 것이 아니다. 새신자한테만 은혜가 필요하고, 기존 신자는 노력에 의지하면 되는 것이 아니다. 은혜는 설교자한테도 필요하다. 매일의 삶과 사역을 위해서도 필요하다. 은혜는 예수 그리스도 안에 나타나는 하나님의 모습이다. 예수 그리스도 밖에는 진노가 있다. 한 찬송은 이렇게 고백한다.

> 더러운 나 그 샘으로 달려가니
> 씻어 주소서, 구주여, 죽지 않도록.◈

그리스도 안에서 하나님은 온유하게 구원하며 힘을 주는 사랑으로 나타나신다. 이제부터 **은혜**라는 말을 쓸 때는 경외함과 감사함으로 쓰라. 훨씬 더 감미롭게 들리고 달게 느껴질 것이다.

◈ 통일찬송가 188장 3절 다시 옮김.

설교자의 처음이자 마지막 사명은 이 복음의 세계에서 사는 것이다. 복음은 남들한테만 전하는 메시지가 아니다. 우리 자신이 매순간 기쁘게 하나님께 받는 선물이다. 예수는 하나님의 복음이시다. 칼뱅의 말처럼 "약속을 입으신 그리스도를 끌어안을 때만 그분을 즐거워하게 된다."◎ 그분을 끌어안는 이것이 설교자의 첫 번째 책임이다. 다음 책임도, 그 다음 책임도 이것이다. 매해 매순간 끌어안아야 한다.

그러면 일하게 된다. 그렇다. 은혜를 알고 즐거워하면 일하게 된다. 은혜는 우리의 고통과 피곤과 냉소를 하나님께 가져가게 한다. 하나님 앞에 정직해지게 한다. 본인에게 해당되는 설교의 적용점을 무시하는 교인에게 벌컥 화가 나는 자신을 질책할 수 있다. 하지만 그런다고 무슨 소용이 있는가? 그 화를 하나님께 토하는 편이 훨씬 낫다. 자기 자신과 청중을 위해 기도하라. 그 사람의 삶에 영적인 돌파구를 열어 달라고 기도하라. 당신의 삶에도 돌파구를 열어 달라고 기도하라. 설교의 가장 큰 도전 한 가지는, 눈에 보이는 상황이 어떠하든 주님이 자신의 설교를 사용하실 것을 깊이 믿느냐는 것이다. 우리에게는 이 믿음이 필요하다.

예수 그리스도에 대한 당신의 믿음이 자란다고 해서 청중이 바뀌는 것은 아니다. 어쨌든 즉시 바뀌지는 않는다. 그래도 괜찮다. 믿음이 자라면 당신 자신이 바뀐다. 근심하던 마음이 가라앉

◎ 『기독교 강요』, 원광연 옮김(파주: 크리스천다이제스트, 2015).

확신을 가지고 설교하라

는다. 남들에 대한 불평이 너무나 쉽게 터져 나오던 입, 그들을 염려하는 말은 적게 나오고 하나님이 그들 안에서 일하실 것을 믿지 못하는 말은 많이 나오던 입이 다물어진다. 말씀에 반응하며 성령의 능력 안에서 자라갈수록, 개인적으로 성경을 읽을 때나 공적으로 설교할 때나 말씀에 대한 확신이 깊어진다.

크고 작은 사건 사고가 있더라도 당신이 설교하는 말씀은 참되며, 당신은 그 사실을 알고 있다. 예수는 복음의 말씀을 통해 자신을 제시하신다. 이 진리의 반석 위에 서라.

34. 십자가에서

문. 설교자가 실제로 예수를 믿으면 어떻게 됩니까?

답. 십자가 가까이 살면서 은혜를 의지하는 설교자는 하나님
의 손에 잡힌 무서운 무기가 됩니다.

❖

주의 얼굴을 내 죄에서 돌이키시고 내 모든 죄악을 지워 주소서.

시 51:9

십자가. 이 세 글자가 우리 입을 잠잠케 하고 우리 마음을 차지
해야 한다. 마르틴 루터의 말처럼 "하나님께 버림받은 하나님"이
그 중심에 계신다.

　내 두려움은 나 자신이나 설교자 친구들이 십자가에서 일어
난 사건과 그 강렬한 아름다움을 보지 못하는 것이다. 너무나도
많은 경우에 십자가는 설교자가 바로 이해하고, 잘 설교하며, 변
함없이 믿고, 복음 전도에 포함시키는 교리다. 그 모든 것은 옳은
일이요 반드시 해야 할 일이다. 그런데 그 모든 일을 하면서도 마
음의 감동 없이 살아갈 수 있다. 십자가의 진리에 동의하면서도

감동하지 않을 수 있다. 대속과 속죄의 교리를 이해하고 근거 구절들을 수집하며 심지어 확신 있게 설교하는 데서 더 나아가, 자기 자신이 삶 속에서 그 진리를 느끼고 그 능력에 붙잡혀야 한다.

"십자가"는 사도가 줄여 쓰는 표현이다. "그러나 내게는 우리 주 예수 그리스도의 십자가 외에 결코 자랑할 것이 없"다고 바울은 선언한다(갈 6:14). 주요한 용어는 풀어서 설명할 필요가 있는데, 바울은 그 본을 보여준다. 그가 갈라디아 교인들에게 상기시키는 사실은 "예수 그리스도께서 십자가에 못 박히신 것이 너희 눈앞에 밝히 보"인다는 것이다(갈 3:1). 이 말은 자신이 십자가를 설명하기 위해 모든 노력을 다했다는 뜻이다. 그는 택한 자들의 구원을 위해 그리스도 자신이 버림당하신 그 무서운 시간에 하나님의 공의와 구속의 사랑이 함께 작용했다는 진리를 밝히기 위해 애를 썼다. 다른 길은 없다. 하나님께 나아갈 다른 길은 없다. 전혀 없다. 우리에게는 무엇보다 십자가가 필요하다.

그러나 줄여 쓰는 표현만으로 영혼을 먹일 수는 없다. 십자가의 깊이를 더욱더 이해하기 위해 노력해야 한다. 자신의 영혼을 위해(그 다음에야 자신의 설교를 위해) 넉넉한 시간을 내서 그리스도가 죄인을 위해 죽으신 사건을 가르치는 성경 본문들을 연구하라. 십자가와 관련된 책을 적어도 일 년에 한 권은 읽겠다는 목표를 세우라. 성경의 여러 다양한 관점에서 십자가와 그 의미를 탐구하는 설교를 정기적으로 하라. 십자가의 가장 중요한 성취가 모든 설교에 담겨야 한다. 십자가를 설교의 흐름이나 메시지와 무관한 곁가지로 언급하지 말라. 그리스도 안에서 우리에게 베푸신 하나님의 사랑이 거기 있기에 어느 때나 그분의 자비를 확신하고 그 자비를 얻을 수 있는 길로 제시하라. 십자가의 사람이 되라.

그리스도가 우리를 위해 행하신 일을 가장 경외하는 태도는 무릎을 꿇고 회개하며 자신에게 죄 사함의 은혜가 필요함을 고백하는 것이다. 우리가 설교하는 복음은 우리가 의식적으로 의지하는 복음이어야 한다. 그리고 우리가 의지하는 복음은 우리가 사랑하는 복음이어야 한다. 우리에게 가장 필요한 일은 자기 죄를 보고 그 죄를 위해 세워진 십자가 앞에서 진심으로 회개하는 것이다. 자기 죄와 그 죄로 인한 슬픔을 십자가 앞에 가져갈 때, 예수가 자신의 죽음으로 주고자 하셨던 생명을 다시금 발견하게 된다. 거기에서 생명을 주시는 영광의 구주를 볼 때 예배가 흘러나온다.

설교자는 넉넉한 시간을 내서 십자가를 묵상해야 한다. 오직 그때, 마음을 바쳐 예수와 우리를 위한 고난의 죽음을 깊이 생각하고 느낄 때만, 헌신적으로 사랑하고 의지하는 부분에서 자라가게 된다. 존 오웬의 말을 숙고하라.

하나님의 지혜요 하나님의 능력이신 분, 아버지께 항상 사랑받는 분을 보라. 자, 두려움과 떨림으로 엎드려 땀 흘리며 기도하고 죽으신 분을 보라. 십자가에 달려 높이 들리신 분을 보라. 그분의 무게를 감당할 수 없는 듯 떨리는 발아래 땅과 그분의 외침에 귀를 막은 듯 어두워진 머리 위 하늘과, 하늘과 땅 모두에게 거부당한 듯 그 사이에 매달리신 분을 보라. 우리 죄 때문에 이 모든 일이 그분께 일어났다. 이 모든 일이 가장 풍성하게 보여주는 것은 하나님의 보수하시는 정의의 엄정함이다. 다른 곳이 아닌 이곳에서 배우는 바가 그 것이다.◈

『웨스트민스터 소요리문답』은 "생명에 이르는 회개란 무엇입니까?"라고 묻는다(제87문).◎ 당신은 이미 그 답을 알고 있지 않은가? 어찌 되었든 설교자니 말이다. 그러나 온 영혼의 건강과 행복은 단지 이 교리를 이해하는 데 달린 것이 아니라 실제로 회개하는 데 달려 있음을 아는가? 회개는 모든 참 그리스도인의 생명이다.

이 질문에 대해 『소요리문답』이 제시하는 대답은 이것이다. "생명에 이르는 회개란 곧 구원의 은혜로서, 죄인은 이 은혜를 받아 자기 죄를 참으로 인식하고, 그리스도 안에 있는 하나님의 자비를 깨달으며, 자기 죄를 슬퍼하고 미워하면서 하나님께 돌아가, 온전한 의지와 노력을 다해 새롭게 순종합니다."

◈ John Owen, *The Works of John Owen*, ed. William H. Goold, vol. 2, *On Communion with God*(Edinburgh: Banner of Truth, 1968), p.85. 『교제』, 김귀탁 옮김(서울: 복 있는 사람, 2016). 여기에서 "보수하시는"이라는 말은 "벌하시는"이라는 원래 의미로 사용되고 있다.

◎ 『웨스트민스터 소교리문답』, 제87문.

내 죄를 생각하면 수치스럽다. 더할 나위 없이 수치스럽다. 그러나 그 죄를 하나님께 고백할 때 겸손해진다. 회개는 사랑하는 아버지께 돌아가게 하며, 십자가에 나타난 그분의 은혜에 집중하게 한다. 세상은 회개를 심리적으로 불건전한 과거로의 회귀로 볼지 모른다. 그러나 회개가 없으면 생명도 없다는 것을 그리스도인은 알고 있다. 회개는 거름더미에서 뒹구는 영혼의 몸부림이 아니라(뒹구는 일은 돼지한테 맡기라) 예수 안에서 죄 사함과 생명을 찾기 위해 모든 것을 버리는 일이다.

"회개는 죄인을 내적으로 겸손하게 하고 가시적으로 개혁하는 성령의 은혜다"라고 토머스 왓슨은 썼다.▣ 이 간결한 정의에는 진리와 생명의 세계가 담겨 있다. 성경이 선언하듯, 회개는 하나님이 주시는 선물이요 성령의 역사로만 가능한 일이다(행 11:18, 롬 2:4, 딤후 2:25). 우리 자신이 만들어 내거나 하늘에서 끌어올 수 없다. 하나님이 친히 움직여 우리가 원래 얼마나 비참한 존재였는지 보여주시고, 지금 그리스도 안에서 얼마나 안전하게 사랑받고 있는지 확신시켜 주셔야 한다. 성령은 전에 사랑하던 모든 것을 떠나 자비하시고 은혜로우신 그리스도께 돌아가게 하신다. 물론 회개는 하나님이 행하라고 명령하시는 일이기도 하다(마 3:2, 행 2:38, 17:30). 하나님은 명령하시는 동시에―아우구스티누스가 가르치듯이―그 명령에 순종할 은혜를 주신다. 실제

▣   Thomas Watson, *The Doctrine of Repentance*(Edinburgh: Banner of Truth, 1987), p.18. 『회개』, 김동완 옮김(서울: 복 있는 사람, 2015).

로 당신이 지은 최악의 죄까지 십자가 앞에 가져갈 수 있다. 설교자는 죄를 많이 짓기에 그만큼 많은 은혜가 필요하다.

장 칼뱅은 갈라디아서 3:1을 주해하며 이렇게 말했다. "복음 사역을 올바로 수행하려는 자들에게 단순히 말하고 연설하는 법을 가르칠 것이 아니라, 사람의 양심을 뚫고 들어가 십자가에 못 박히신 그리스도를 보게 하고 그분이 흘리신 피를 느끼게 하는 법을 가르치라." ❖ 자신에게 예수가 필요함을 아는 설교자는 그렇게 할 수 있고, 그렇게 할 것이다.

❖ John Calvin, *Commentary on the Epistles of Paul to the Galatians and Ephesians*, trans. William Pringle, in *Calvin's Commentaries* (Grand Rapids, MI: Baker, 1993), p.80.

35. 확신에서 나오는 용기

문. 아무도 설교를 귀히 여기지 않는 것 같을 때, 어떻게 설교를 귀히 여길 수 있습니까?

답. 성령은 설교된 말씀을 통해 자신이 원하시는 바를 능히 이루십니다. 그것을 믿으십시오.

❖

내가 너희에게 분부한 모든 것을 가르쳐…….

마 28:20

참 설교자는 시련을 겪는다. 모든 좋은 설교자는 때로는 격렬히, 대개는 부당하게 비판을 받는다. 욥기 5:7은 설교자가 마음에 새길 만한 가장 좋은 구절 중 하나다.

사람은 고생을 위하여 났으니

불꽃이 위로 날아가는 것 같으니라.

설교자여, 당신도 사람이다. 평온한 삶을 살고자 설교자가 되었다면 이 부르심을 완전히 오해한 것이다. 매주 설교를 마치고 청중의 감사에 깊은 격려를 받으며 하나님이 주시는 기쁨에 젖어 날아갈 듯 귀가할 줄 알았다면, 지금쯤 실망하고 있을 것이다. 그렇지 않은가? 맞다. 밝고 멋진 날들도 있고, 우리는 그런 날들을 주신 주님께 감사드린다. 그러나 말씀의 종이라면 누구나 아는 바대로, 설교자의 머리 위 하늘에 구름이 낄 때도 있고 심지어 회중석에 작은 천둥이 칠 때도 있다.

부르심에 충실하다 보면 이런 일을 겪게 되어 있다. "내가 너희에게 분부한 모든 것을 가르"치라는 것은 논쟁적인 내용을 전하라는 명령이다. 예수는 **"모든 것"**이라고 하신다. 여기에는 힘든 부분, 믿음이 요구되는 부분, 대가가 따르는 부분, 그 가르침대로 살면 세상의 미움을 받게 될 부분이 다 포함된다. 우리는 그 전체를 전해야 한다. 이처럼 어려운 믿음의 삶을 함께 살자고 권하며 삶의 모든 세세한 영역에서 예수를 사랑할 것을 권하는 사람은 누구보다 외로워지게 되어 있다.

예수도 논쟁하셨다. 요한도 그랬고, 바울도 그랬다. 그들이 고난받기 이전에는 세례 요한이 하나님의 말씀에 충성하다가 목숨을 잃었다. 구약 선지자들은 더 말할 것도 없다. 그리스도 안에서 경건하게 사는 삶을 전하는 자는 누구나 핍박을 받는다.

때로—아마 이 시대에는 특히 더—설교자를 가장 괴롭히는 것은 공개적인 적대행위가 아닌 냉소와 무관심이다. 우리는 의무를 다하는데, 사람들은 하품을 참는다. 우리는 애써 준비한 메시지를 전하며 몸과 마음을 바쳐 선포하는데, 교인들은 몸을 뒤틀며 시계를 쳐다본다.

그렇다. 설교는 이런 것이다. 그렇다고 불평해도 된다는 생각은 조금도 하지 말라. 설교는 성령이 하시는 기이하고도 신비한 일이다. 설교의 메시지는 그분의 것이고, 목적도 그분의 것이며, 설교의 결과 또한 그분의 지혜와 능력에 달린 것이다. 설교하는 우리를 높이시든 분투가 필요한 사역을 주권적으로 우리 삶에 허용하시든, 그분께는 아무 문제가 되지 않는다. 우리도 문제 삼지 말아야 한다.

이것이 체념하라는 충고가 아님을 알아주기 바란다. 우리의 설교가 원하는 영향을 끼치지 못한다면 조처를 취해야 한다. 사역하면서 생기는 어려운 질문들을 기도로 하나님께 아뢰어야 한다. 윌리엄 부스William Booth 대장이 처음 구세군을 세울 때 낙심한 두 설교자에게 한 말처럼 "울어 보라." 우리는 더 돌보고, 더 사랑하고, 더 기도하고, 더 일할 필요가 있다. 하나님은 그처럼 성별된 사역에 성과를 주시길 좋아하신다.

사람들이 설교에 어떤 반응을 보일 때든, 또는 아무 반응도 보이지 않을 때든, 사역이 몹시 힘들 때는 특히 더 '말씀의 주'의 선하심과 능력을 신뢰해야 한다. 고난이 우리의 관점을 비틀어 버릴 수 있다. 하나님의 정확한 모습을 가장 잘 보아야 할 때, 오히려 시각을 왜곡하고 불신하게 만들 수 있다.

19세기 특수 침례 교회 목사였던 윌리엄 개즈비William Gadsby에게는 믿음과 사역에 큰 짐이 되는 가정의 고난이 있었다. 그는 심한 정신 질환을 앓는 아내를 돌보며 25년간 사역했다. 아내는 소녀 시절에 받아들였던 믿음—주님이 아내 속에 보존해 주셨으리라 확신했던 믿음—을 잃지 않았다는 아주 고무적인 표지를 보여주었는데, 개즈비는 그 전에 아내보다 먼저 죽었다. 생전에 아내는 그를 공격하거나 그의 편지와 설교 원고를 불태우는 등 엉뚱하고 파괴적인 행동을 했고, 그때마다 그는 견딜 수 없는 중압감에 짓눌렸다. 이 모든 고뇌 속에서 그는 자신의 주인을 설교할 뿐 아니라 신뢰하기로, 시련이 클수록 더 깊이 신뢰하기로 결심했다. 그는 이렇게 썼다.

> 모순된 상황에서도 온전히 신뢰할 수 있는 믿음, 가장 어두운 밤이야말로 완전히 밝은 빛이요 가장 큰 시련이야말로 완전히 정당한 것이자 무한한 사랑의 증거임을 입증할 수 있는 믿음을 갖고 싶다. 그렇다. 약속이 성취되고 있다는 합리적 전망을 가지고 그 약속을 온전히 의지할 수 있는 믿음을 갖고 싶다.……나는 그리스도가 시작하셨고 완성하실 믿음에 목마르며 그 믿음을 얻고자 헐떡이고 신음한다.◈

사역의 성공과 실패, 빛과 어둠을 끌어안는 믿음이 있어야 한다.

◈ Ian J. Shaw, *William Gadsby* (Darlington: Evangelical Press, 2013), p.80에서 인용.

설교에 감사하는 문자가 쏟아질 때뿐 아니라 같은 설교에 날카로운 비판이 쏟아지는 "모순된 상황에서도 온전히 신뢰"하는 믿음이 있어야 한다. 지금까지 우리는 남들의 믿음을 북돋는 사역을 한다고 생각했다. 이제는 우리 자신부터 눈에 보이는 상황과 상관없이 믿음에서 자라가도록 부름받은 것을 안다. 주님이 분부하신 모든 것을 가르쳐 지키게 하는 일에 이 부르심이 포함되어 있다. 우리 자신의 믿음이 살아 움직이고 성장하지 않는 한 하나님을 기쁘시게 할 수 없으며(히 11:6) 청중에게 순종의 삶을 살라고 촉구할 수 없다.

그렇다면 분투하는 설교자에게 복음이 해주는 말은 무엇일까? 우리는 안전하다는 것, 하나님의 은혜 안에서 안전하다는 것이다. 언약의 사랑이 우리를 구원하고 보호한다는 것이다. 그분의 사랑이 항상 우리를 향하고 있으며 그분의 계획은 항상 선하다는 것이다. 때때로 맞닥뜨리는 시련 속에서 우리를 압도하는 그분의 주권 또한 선하고 감미롭다는 것이다. 성인이 된 후 상당 기간 우울증과 싸웠던 스펄전은 삶이 비참할 때 무엇을 신뢰해야 하는지 알고 있었다.

그리스도를 상고할 때, 모든 상처에 바를 기름이 흘러나옵니다. 아버지를 깊이 생각할 때, 모든 비탄이 종말을 맞습니다. 성신의 영향을 받을 때, 모든 아픈 곳에 바를 향유가 흘러나옵니다. 슬픔에서 벗어나고 싶습니까? 근심을 잊고 싶습니까? 하나님의 깊은 바다로 나아가 몸을 던지십시오. 그분의 광대함에 푹 빠지십시오. 그러면 마치 안락의자에서 쉬고 일어난 사람처럼 다시 활기와 생기를 얻을 것입니다. 하나님이라는 주제를 깊이 경건하게 생각하는 것만큼 영혼을 편안케 하고, 비탄과 슬픔의 큰 노를 잔잔케 하며, 시련의 바람을 향해 잠잠하라 명할 수 있는 것을 저는 알지 못합니다.◈

정말 그렇다. 하나님은 참되신 주권자시기 때문이다. 당신도 예수 안에서 진실로 그분을 의지할 수 있다. 그렇게 하라.

◈ C. H. Spurgeon, *The New Park Street Pulpit Sermons*, 6 vols.(London: Passmore & Alabaster, 1855-1860), 1:1.

36. 성례 집전

문. 성례가 직접 설교하게 하겠습니까?

답. 세례와 성찬은 우리가 할 수 없는 방식으로 설교하는데,
    성례의 목적이 거기 있습니다.

❖

그가 할례의 표를 받은 것은 무할례 시에 믿음으로 된 의를 인친 것이니.

롬 4:11

『웨스트민스터 소요리문답』은 세례와 성찬의 목적이 새로 회심한 자들에게 주어지는 혜택과 그리스도를 나타내고 인치며 적용하려는 데 있다고 말한다. 이를테면 복음이 무엇인지 보여주고, 그에 대한 믿음을 강화하려는 데 있다는 것이다. 성례는 놀라운 은혜의 선물이다.

구약시대 하나님 백성은 은혜의 표시로 할례를 받았는데(롬 4:11), 그것은 언약의 주께서 백성의 소유권을 주장하시는 동시에 새 마음의 필요성을 가르치신 의식이었다(창 17:9-14). 그리고 공동체 전체가 언약의 참여자로서 유월절을 지켜야 했다(출

12:1-27).

하나님은 오늘날 백성에게도 동일한 순종을 명하신다. 우리는 그리스도를 통해 삼위일체 하나님께 소속되었고(마 28:19), 그리스도의 피로 깨끗한 양심과 새 마음을 얻은 표지로서 세례를 받는다(벧전 3:21). 또한 언약 가족의 일원으로 떡을 먹고 잔을 마심으로써 그리스도가 우리를 위해 행하신 모든 일을 기념하며, 잃은 세상뿐 아니라 서로를 향해 복음을 선포한다(고전 11:26). 이 두 가지는 강력한 표지다. 성령이 밝히 설명하시며 우리 마음에 전달해 주시는 성례의 메시지는 강렬하다.

장 칼뱅의 성례론을 반드시 읽어 볼 필요가 있다.◈ 하나님은 연약한 믿음의 버팀목이자 "하나님의 말씀이 신뢰할 만한 것임을 더욱 확신케 하는 의식"으로서 세례와 성찬을 주신다고 그는 설명한다. 성례는 "믿음을 세우고 증진하기 위해 주님이 제정하신" 의식이다. 성령의 역사가 없는 성례는 공허한 것으로서, 성령의 능력이 임해야만 그 목적이 달성된다.

어디에서 잘못되었기에 설교자들이 그토록 성찬과 세례를 경시하게 되었을까? 복음주의 교회들을 조금만 둘러보아도 성례가 교회에서 마치 신데렐라 같은 존재—어쩔 수 없이 용인하고 봐주는 존재, 써먹기는 하지만 좀처럼 사랑하지 않는 존재, 자랑거리는 더더욱 못 되는 존재—가 되어 버린 것을 알 수 있다. 우리는

◈ 『기독교 강요』, 원광연 옮김(파주: 크리스천다이제스트, 2015).

세례식을 하면서 한 사람의 인생에 임한 은혜의 기쁨을 나누길 좋아한다. 그런데 세례받은 성도답게 살도록, 삼위 하나님의 이름을 가진 자가 되었다는 사실에서 힘을 얻도록 가르치는가? 우리의 성찬식은 기념이라기보다 의무에 가깝고, 좋아서 참여하는 일이라기보다 예배 때 생략하면 당황스러운 순서에 가깝지 않은가?

최근 몇 십 년 사이에 나타난 영국 교회의 주목할 만한 변화는 강해설교 사역의 재발견이다. 그것은 중대한 변화다. 16세기 종교개혁자들처럼 우리도 말씀이 교회를 낳았다고 믿으며, 말씀이 믿음의 양분이 되는 것을 안다. 그러나 말씀만 믿음의 양분이 되는 것은 아니다. 종교개혁자들이 잘 알고 있었고 칼뱅도 그렇게 말했듯이, 하나님은 세례와 성찬을 통해 택하신 자들을 아시고 또한 그들에게 자신을 알려 주기로 맹세하셨다. 하나님은 이 두 표지를 통해 언약의 사랑을 선포하시며 그 사랑을 받아들이도록 부르신다.

그렇다면 우리도 설교단의 메시지를 세례소와 성찬상에 나누어 주며, 구속의 은혜라는 드라마에서 마땅히 차지해야 할 자리를 내주어야 한다는 믿음을 회복해야 한다. 성례 또한 하나님이 임명하신 설교자다. 하나님이 성례를 주신 것은 그리스도를 선포하게 하시기 위함이다.

이 믿음을 회복할 것을 제안하자. 하나님 백성이 세례와 성찬을 행함으로써 구주를 발견해야 한다면, 교회를 인도하고 설교하도록 부름받은 우리는 반드시 그에 대한 새로운 확신과 용기를 가져야 한다.

성례는 그리스도의 선물이라는 **확신**이 필요하다. 하나님 백성에게는 성례가 필요하다. 물과 떡과 잔으로 찾아오시는 그리스도가 필요하다. 설교할 때 성례에 대해 가르쳐야 하고, 성례에 참여함으로써 그리스도를 영접한다는 기대감을 품게 해야 한다. 그리고 자주 함께 참여해야 한다.

또한 이 확신은 설교관으로 확장되어야 한다. 설교는 기독교 예배의 중대한 행위이자 하나님이 자신을 보여주시는 최고의 자리다. 그러나 유일한 자리는 아님을 성례가 일깨워 준다. 설교가 때로 평범하거나 그보다 못하더라도 절망하지 말라. 성례를 통해서도 주님은 다가오신다.

세례와 성찬의 대상이 누구인지 가르치는 **용기**도 필요하다. 성례를 받을 자들과 받으면 안 되는 자들을 구분해서 성례를 집전하려면 용감해져야 한다. 예수는 원하는 모든 자에게 복음의 표지를 주라고 가르치지 않으셨다. 덴마크의 철학자 쇠렌 키르케고르 Søren Kierkegaard 는 예수가 "처음부터 끝까지 오직 제자만 생길 뿐 숭배자는 결코 생길 수 없는 삶을 땅 위에서 사셨다"라고 했다.◈ 세례소와 성찬상에는 "오직 제자만"이라는 표시를 해 놓아야 한다.

◈ *Bread and Wine: Readings for Lent and Easter* (Maryknoll, NY: Orbis, 2012), p.55.

성례는 종교 신봉자를 위한 것이 아니요, 오직 예수만 따르는 제자를 위한 것이다. 장 칼뱅은 성찬받길 고집하는 완고한 불신자들을 막기 위해 떡과 잔을 감싸 안기도 했다. 로버트 머리 맥체인도 성찬식 때 "'그리스도의 불꽃같은 눈'으로 상에 담장을 친다네"라고 친구에게 말했다.◎ 기꺼이 성례의 메시지를 전하고, 무슨 일이 생겨도 성례의 대상을 구분하겠는가? 이것은 교회와 복음의 순결 및 그리스도의 명예가 달린 일이다.

앞서 살펴보았듯이, 성례는 복음이 무엇인지 보여주고 그에 대한 믿음을 강화한다. 누가 그리스도께 속했고 누가 속하지 않았는지 가르친다. 그리스도의 은혜를 받아 인내로 순종하며 새롭게 신뢰하도록 부른다. 우리는 그리스도로 씻음받은 자들이요 그리스도를 먹는 자들이다. 무엇이 더 필요하겠는가?

그러니 설교자여, 제 시간에 설교를 마치라. 청중을 지치게 하지 말라. 당신에게 복음을 들었으니, 이제 물과 떡과 잔을 통해 복음을 보고 기념하게 하라.

◎ Andrew Bonar, ed., *Memoir and Remains of Robert Murray M'Cheyne*(Edinburgh: Banner of Truth, 1984), p.81. 『로버트 맥체인 회고록』, 조계광 옮김(서울: 부흥과개혁사, 2005).

확신을 가지고 설교하라

37. 물로 데려가라

문. 왜 세례식을 해야 합니까?
답. 하나님의 명령을 지켜 그 은혜를 나타내기 위해서입니다.

❖

그러므로 우리가 그의 죽으심과 합하여 세례를 받음으로 그와 함께 장사되
었나니 이는 아버지의 영광으로 말미암아 그리스도를 죽은 자 가운데서 살
리심과 같이 우리로 또한 새 생명 가운데서 행하게 하려 함이라.

롬 6:4

세례는 뿌리 없이 표류하는 우리 시대에 주신 아주 귀한 선물이
다. 사람들은 계속 신분을 바꾸며 소속을 찾는다. 또는 무엇이나
누구에게 소속되길 완강히 거부하기도 한다. 세속주의는 무한한
가능성의 세상을 약속한다. 그러나 그 가치관을 깊이 흡수한 자
들에게 세상은 무한히 실망스러운 곳이다. 우리에게는 그 이상
이 필요하다.

세례는 새로운 세상, 즉 하나님이 아들을 통해 다스리시는 나
라에 들어갔다는 표시다. 세례를 받는다는 것은 내 삶이 이 영광

스러운 나라로 옮겨졌음을 안다는 뜻이다. 세례수 속에 들어간
다는 것은 그리스도 안에서 나를 위하시며 나를 자신에게로 이
끌어 자유로이 섬기게 하시겠다는 하나님의 선언을 듣는다는 뜻
이다. 세례는 말 그대로 생명이다.

『웨스트민스터 소요리문답』 제94문의 대답은 이것이다. "[세
례는] 우리가 그리스도께 접붙여진 것과 은혜 언약의 혜택에 참
여하게 된 것과 주의 소유가 되기로 약속한 것을 나타내며 인칩
니다."◈

세례는 소속의 맹세다

하나님은 물로 나아와 세례를 받는 자에게 "내 것이다!"라고 하
신다. 세례는 죄인이 구원의 은혜로 죄 사함을 받아 성도가 되었
다고 선언한다. 삼위일체 하나님께 속한 우리는 아버지께 사랑
받고 택함받은 자들이요, 구원받아 그리스도와 연합한 자들이
요, 성령이 내주하시는 자들이다. 세례는 그 사실을 선언한다(마
28:19). 우리는 그분의 명령에 복종하여 세례를 받음으로써 아버
지의 기쁨을 알게 된다. 이 외로운 세상에 주시는 얼마나 놀랍고
도 좋은 소식인가! 하나님께 추방당한 불행이 하나님의 환대로
뒤바뀐다. 우리는 하나님께 속하고 하나님은 우리에게 속하신다.

◈ 『웨스트민스터 소교리문답』, 제94답.

확신을 가지고 설교하라

우리는 세례를 통해 집으로 돌아간다.

그리고 하나님의 가족인 교회로 돌아간다. 사적인 세례가 있을 수 없는 것처럼, 공적 선언이 없는 사적 신앙고백 또한 있을 수 없다. 그런 신앙고백은 아무리 좋게 말해도 미심쩍은 것이며, 가장 심하게 말하면 영원히 위험한 것이다(마 10:32-33). 세례는 언약의 은혜를 기념하는 교회의 예식이다. 교회는 우리에게 속하고 우리는 교회에 속한다. 세례가 알리는 사실이 그것이다. 세례는 성령이 우리를 하나님의 백성에게 접붙이셨다는 공적인 선언이다. 하나님의 백성과 공유하지 않는 구원, 하나님의 백성 밖에서 사는 구원은 없다(고전 12:12-13).

설교자는 이 마지막 특징을 강조할 필요가 있다. 새신자와 교회는 세례를 통해 한 몸으로 서로에게 속하게 된 것을 시인한다. 모든 좋은 교회에는 새신자를 위한 세례 준비반이 있다. 설교단에서도 확실히 회중을 준비시키는 시간—새신자와 기존 신자 모두에게 세례 서약을 상기시키는 시간—을 가져야 한다.

세례는 믿음으로 자신을 내드리는 것이다

세례는 "하나님이 이기셨다"라고 선언한다. 그분의 말씀은 참되고, 그분은 주님이시다. 우리 죄는 하나님의 진노를 받아 마땅하며, 이생에서나 내생에서나 죽음의 벌을 받아 마땅하다. 예수 그리스도는 십자가에서 우리 대신 죽임당하셨다. 세례는 '실토

하는 것'이다. 우리가 정죄받아 마땅한 자임을 인정하는 것이며, 거룩하신 하나님 앞에서 더 이상 숨지 않는 것이다. 우리 죄를 자백하고 그리스도께 달려가 그분의 피로 깨끗이 씻음받는 것 이다.

세례는 주 예수가 하나님의 뜻—고난과 죽음의 세례—에 자신을 내드리신 것처럼 확실하게 우리를 내드리는 행위다. 물에 자신을 내맡기는 것은 우리가 죄와 자아에 대해 죽었음을 선언하는 행위다. 우리는 주 예수 그리스도와 우리를 동일시하며 은혜로 그분과 연합되었음을 고백한다. 성부 하나님이 우리를 정확히 그리스도의 자리에 두심으로써 그분이 당하신 십자가 죽음이 곧 우리의 죽음이 되게 하셨다. 그렇다. 우리 스스로 죗값을 치른 것이 아니다. 예수가 홀로 치르셨다. 우리는 거기에서 죽었다. "내가 그리스도와 함께 십자가에 못 박혔나니 그런즉 이제는 내가 사는 것이 아니요 오직 내 안에 그리스도께서 사시는 것이라"(갈 2:20). "우리가 생각하건대 한 사람이 모든 사람을 대신하여 죽었은즉 모든 사람이 죽은 것이라"(고후 5:14). 예수는 죽으셨고, 그분과 연합한 우리도 죽었다. "무릇 그리스도와 합하여 세례를 받은 우리는 그의 죽으심과 합하여 세례를 받은 줄을 알지 못하느냐?"(롬 6:3) 세례는 은혜로 주신 죽음이다.

그 죽음과 함께 생명이 찾아온다. 우리는 자신을 내드림으로써 생명의 주 앞에 나아간다. 우리 구주가 무덤에 버려지지 않으신 것처럼, 우리도 그 안에서 부활하여 그 앞에서 기쁨을 누리고 영원한 즐거움을 미리 맛본다(시 16:10-11, 행 2:27-36). 자신을 내드림으로써 다른 이들과 교제하며 그리스도를 따르는 삶을 시작한다.

세례는 거룩한 선전포고다

복음은 곧 전쟁이다. 복음을 통해 하나님은 불경건한 세상을 대적하시며, 언젠가 모든 불순종을 멸하실 것이다. 복음 메시지는 곧 하나님이 예수 그리스도 안에서 평안을 찾기 위해 나아오는 모든 사람의 죄와 정죄에 맞서 싸워 이기셨다는 주장이다. 세례는 충성의 대상과 진영을 바꾸어 그리스도를 대장으로 모시는 일이다. 세례소는 우리가 죄에 대해 죽었음을 시인하는 자리이자 "죄에 대하여 죽은 우리가 어찌 그 가운데 더 살리요?"라고 자문하는 자리다(롬 6:2). 우리는 세례를 통해 그리스도로 옷 입는다(갈 3:27). 이제부터 그분의 이름을 기뻐하고, 고난당하고, 싸우면서 그분의 발자취를 따라간다.

잘 알려진 존 오웬의 탄식이 있다. "우리가 얻은 자비와 특권을 잘 모르는 것이야말로 우리의 문제요 죄다."◈ 물론 그의 말이 옳다. 세례는 새로운 특권의 세상이다. 설교자여, 우리는 하나님

◈ John Owen, *The Works of John Owen*, ed. William H. Goold, vol. 2, *On Communion with God*(Edinburgh: Banner of Truth, 1968), p.32. 『교제』, 김귀탁 옮김(서울: 복 있는 사람, 2016).

의 목적 안에 있는 세례의 모든 것과 세례를 통해 제시되는 모든 은혜를 가르쳐야 한다. 한마디로, 세례를 받고 예수의 제자가 되는 것이 전부다.

38. 식사 자리로

문. 왜 성찬과 설교단을 공유해야 합니까?

답. 교회는 우리의 말과 성찬상을 통해 은혜를 맛보기 때문입
니다.

❖

내가 너희에게 전한 것은 주께 받은 것이니.

고전 11:23

성찬상은 모든 신자에게 주어진 크나큰 특권이다. 그리스도가
친히 그 상에서 성령으로 설교하시며, 자신의 제사야말로 구원
에 필요한 모든 것이요 자신의 임재야말로 삶을 위해 의지할 모
든 것임을 선포하신다. 성경은 이 식사가 실제 결혼 잔치 식사로
이어질 날이 올 것을 거듭 약속한다. 우리는 하나님의 가족으로
함께 이 특권을 맛본다. 여기에 산 떡과 최상의 포도주가 있다.

하나님의 가족에게는 성찬이 필요하다. 설교자에게도 성찬
이 필요하다. 우리 하나님은 말씀의 하나님이실 뿐 아니라 표지
의 주님이시다. 우리에게 세례라는 표지를 주시고 떡과 잔이라

는 표지를 주신 것은 구주 안에 있는 우리의 구원과 영광을 보여 주시기 위해서다. 케빈 벤후저의 잊지 못할 표현처럼 "교회는 복음의 피조물이다."◈ 교회의 참된 정체성은 복음에 있다. 말씀 설교와 성례 참여를 통해 복음을 선포하고 받아들이지 않는 교회는 금세 완전히 다른 동물이 되어 버린다.

그런데 설교자들이 과연 성찬에 마땅히 기울여야 할 주의를 기울이고 있는지 의문이다. 이 표지의 능력을 신뢰하며 예배자들에게 복음의 실제를 가르치고 있는가? '말씀의 사람'이라는 우리가 오히려 성찬을 은혜의 사역 가장자리로 밀어내서 아무 말도 못하게 만드는 것은 아닌가? 찰스 스펄전은 "다른 데서 거의 찾지 못한 내 영혼의 양식을 성찬상에서 찾은 안식일이 아주 많았음을 증언할 수 있다"라고 했다.◎ 조금은 겸손한 현실적 성찰이 우리의 성찬 주일 설교를 평가하는 데 도움이 될 수 있다. 또한 더 감사하며 기대하는 마음으로 성찬을 기다리게 할 수 있다.

실제로 우리는 설교에 집중하느라 성찬상에 시간과 관심을 거의 기울이지 못할 때가 많다. 말 그대로 현실이 그렇다. 설교와 성찬을 각각 어떻게 준비하는지 비교해 보라. 설교 준비는 10시간이나 하면서 성찬상에서 읽고 언급할 본문은 10분 만에

◈   Kevin Vanhoozer, *Biblical Authority after Babel: Retrieving the Solas in the Spirit of a Mere Protestant Christianity* (Grand Rapids, MI: Brazos, 2016), p.162.

◎   Charles Spurgeon, "In Remembrance," in *Metropolitan Tabernacle Pulpit*, vol. 55, 1909 (Pasadena, TX: Pilgrim, 1979), p.71.

고른다면, 과연 무엇이 당신의 마음과 생각을 차지하고 있는 걸까? 그뿐 아니라 설교는 힘들여 준비해야 할 창작물로 여기면서 (설교를 전하는 것도 똑같이 힘든 일로 여기면서) 성찬은 누구나 아는 남의 이야기를 재연하듯 한다면, 무엇에 더 주인의식을 느끼게 될까?

지극히 복음적인 전통 중에 성찬에 더 불리한 관습은 성찬식을 예배 마지막 순서에 두는 것이다. 성찬식을 맨 끝에 한다. 말씀으로 배부른(이것이 우리의 바람이다) 교인들의 생각은 자연스럽게 남은 하루에 쏠리게 마련이다. 그 상태에서 성찬식을 "한다". 성찬식은 우리가 익히 아는 공식적 내지 반*공식적 전례의 용어로 진행되거나, 똑같이 잘 아는 이른바 자발적이고 자유로운 리듬에 따라 진행된다. 어떤 경우든, 우리나 회중이나 별 감흥 없이 무언가 놓친 듯한 느낌으로 성찬식을 마친다.

그렇다고 성찬에 참신함이나 실험정신이 필요한 것은 아니다. 그리스도가 성찬을 제정하시면서 명하신 말씀을 함부로 바꾸거나, 더 나쁘게는 생략하지 않도록 주의하라. 우리는 주님이 다시 오실 때까지 그분의 죽으심을 기억하고 그분과 친밀해지길 힘쓰라는 명령에 따라, 그분이 피로 사신 교회로 함께 모여 우리가 받은 은혜를 기리며 성찬식을 지켜야 한다. 그 모든 책임이 성찬 주일에 설교하고 성찬을 인도하는 우리에게 있다. 우리는 단지 말씀을 나누어 주고 떡과 잔을 나누어 주는 사람이 아니다. 주의 백성들뿐 아니라 그 자리에 함께한 불신자들도 떡과 잔의 모습으로 우리 앞에 차려진 은혜를 볼 수 있도록 도와야 한다. 그리스도의 백성이 다 함께 기쁘게 참여하는 자리가 성찬이라면, 헌신의 중심에 성찬이 있다면, 참여하는 자들의 마음 상태가 무엇보다 중요해진다.

고린도전서 11:23-26의 익숙한 말씀으로 잠시 돌아가 보라. 예수는 떡과 잔을 나누며 자신을 기억하라고 하셨다. 떡과 잔을 먹고 마실 때는 교제와 마음과 예배와 감사와 신뢰의 초점을 예수께 맞추어야 한다. 그분은 자기 백성을 위해 희생제물이 되셨다. 값없고 풍성한 이 은혜에 충격을 받고 놀라며 경외하는 마음으로 떡과 잔을 받아야 한다. 어떻게 이런 은혜를 우리에게 주신단 말인가? 어떻게 이런 은혜가 우리한테까지 미친단 말인가? 하나님이 정말 우리에게 아들의 생명을 후히 주실 수 있는가? 후히 주신다. 이제까지도 후히 주셨고, 앞으로도 후히 주실 것이다. 떡과 잔은 이러한 하나님의 놀랍고 압도적인 사랑을 우리 마음에 설교해 준다. 예수가 오셔서 마침내 그분과 함께 먹을 때까지, 우리는 같이 그분을 먹고 마시고 예배하며 나눈다(26절).

이 모든 점을 고려할 때, 설교자가 성찬 예배에서 해야 할 일이 있다. 무슨 설교를 하든 곧 떡과 잔을 나눈다는 사실을 인식해야 하는 것이다. 이것은 교인들의 정신과 마음을 우리 말에서 성찬상으로 이끌어 가야 한다는 뜻이다. 이에 도움이 될 만한 조언이 몇 가지 있다.

성찬은 진지한 예식이다. 개인은 성찬에 참여할 엄숙한 책임이 있다. 그러나 누구나 다 성찬을 받아야 한다고는 믿지 않는다(고전 10:21-22). 세례처럼 성찬도 그리스도께 인격적으로 헌신한 제자가 될 것을 요구한다. 우리는 교회에서 이 점을 존중할 것이다.

성찬은 본질적으로 교회 가족을 위한 예식이다. 성찬은 세례를 받은 예수의 제자들이 함께 모여 먹고 마시는 가족 식사다. 지역 교회는 단순히 활동이나 예배 때 '나타나는' 사람들을 모아 놓은 무리가 아니라(물론 모든 부류의 사람들을 환영하며 그들을 위해 기도하지만), 교회와 서로에게 헌신할 것을 공적으로 천명한 사람들로 이루어진 가족이다. 주님과 서로에게 속했다는 하나의 서약으로서 함께 모여 가족 식사를 하는 것이다(고전 10:16-17).

성찬을 받는 것이 이로울 수도 있고 해로울 수도 있다. 우리는 신자와 불신자를 막론하고 성찬에 참여한 자들을 불쾌하게 만들 의도가 없다. 그러나 주님과 그분의 백성을 시인하지도 않으면서 함께 먹고 마시는 심각한 위험에 대한 성경의 경고에는 주의하길 원한다(고전 11:27-33). 그렇기 때문에 떡과 잔을 나누기 전에 항상 주님과 동료 그리스도인들의 교제 가운데 있는지 확인하도록 경고하는 것이다. 함께 먹고 복을 나누려면 회심하지 않은 자들뿐 아니라 마음이 완고한 그리스도인들도 자기 행동에 대해 주님께 대답해야 한다고, 그렇지 않으면 먹고 마실 수 없다고 경고하는 것이다. 우리의 갈망은 무엇보다 부활하신 주님과 더불어, 또한 성찬상에 함께 앉은 자들과 더불어 친밀한 교제의 시간을 나누며 진지한 기쁨으로 충만해지는 것이다.

39. 먼저 구하라

문. 기도란 무엇입니까?

답. 기도란 하나님께 마음을 여는 것입니다.

❖

너는 기도할 때에 네 골방에 들어가 문을 닫고 은밀한 중에 계신 네 아버지

께 기도하라.

마 6:6

갓 그리스도인이 된 스무 살 무렵, 캔터베리 대주교였던 안셀무
스Anselmus of Canterbury의 기도를 우연히 읽게 되었다. 그때 내 마음과
정신을 타오르게 했던 말을 지금도 찾아 읽곤 한다.

자, 소자여, 날마다 하는 일을 잠간 내려놓고, 소란스러운 생각에서
잠시 벗어나라. 무거운 근심을 밀어 놓고, 번잡한 오락도 제쳐놓으
라. 잠시 해방되어 하나님을 찾고, 그 안에서 한동안 쉬라. 영혼의
내실로 들어가, 하나님을 제외한 모든 것과 그분을 찾는 데 도움 될
것을 제외한 모든 것을 차단한 채 문을 닫고 그분을 찾으라. 자, 내

전심이여, 하나님께 아뢰라. "주의 얼굴을 찾나이다. 주여, 제가 찾는 것은 주의 얼굴입니다."◈

이 유명한 말은 900여 년 전 하나님의 존재를 논했던 훨씬 더 유명한 논문 『프로슬로기온』 *Proslogion* 서문에 나온다. 여러 책임을 맡고 있던 그는 자기 영혼을 하나님 앞에 가져가기 위해 분투가 필요함을 알았다. 그의 생각이 옳다. 그가 보여준 모범은 우리에게 도전이 된다. 하루가 덜 바쁘거나, 마음이 덜 무겁거나, 기도가 신나게 느껴지거나, 죄가 날개를 달고 날아갈 때까지 기다리면 결코 기도하지 못한다. 양상은 다르지만 우리 모두 기도하지 않으려는 유혹을 받거나 타협을 한다. 우리 중에는 믿음이 약하고 피곤한 이들이 많다. 설교자도 마찬가지다. 그러나 주님은 깊은 바다가 서로 부르듯 우리를 기도로 부르신다(시 42:7). 거기에 응답해야 한다. 안셀무스처럼 자신을 다잡아 하나님께 나아가야만 신선한 은혜의 강물을 발견할 수 있다.◎

안셀무스의 이 말은 마태복음 6:6에 응답한 것이다. "너는 기도할 때에 네 골방에 들어가 문을 닫고 은밀한 중에 계신 네 아버지께 기도하라. 은밀한 중에 보시는 네 아버지께서 갚으시리라." 예수는 두 가지 주요한 문제를 해결해야 했던 사람들에게 이같이 말씀하셨다. 인간으로서 똑같은 어려움에 직면해 있는

◈ Anselmus Cantuariensis, *The Prayers and Meditations of St. Anselm*, trans. Benedicta Ward(Harmondsworth, Middlesex: Penguin, 1973), pp.239-40.

확신을 가지고 설교하라

우리에게도 이같이 말씀하신다. 첫 번째 문제는 날마다 해야 하는 고단한 일, 시간을 빼앗고 에너지를 고갈시키는 일이다. 기도하려면 시간과 에너지가 필요하기에, 매일의 기도와 매일의 요구를 어떻게든 조정해야만 한다. 그다음 문제는 종교적 위선이다. 예수가 사셨던 당시 사회의 유력자들은 가장 오래, 가장 크게, 가장 공개적으로 기도했다(마 6:5). 지금도 다를 바가 없다. 설교자는 공개적으로 기도한다. 그런데 그에 걸맞게 개인적인 경건생활도 하고 있는가? 하나님과 친밀해지길 힘쓰는가, 사람들의 갈채를 받길 힘쓰는가? 개인적으로 거의 기도하지 않거나 전혀 기도하지 않는다면, 우리가 정말 보이지 않는 아버지를 믿고 그분과 함께 있길 원한다는 표지를 어디에서 찾아볼 수 있겠는가?

예수가 가르치신 대로, 기도는 단순한 말이 아니다. 하나님께

◎ 존 플라벨도 똑같이 기도를 우선시하며 중대한 권면을 한다. "가쁜 숨을 몰아쉬며 세상에서 빠져나와 하나님 앞에 나아가지만, 그 강렬한 향취는 당신이 의무를 다하는 중에도 남아 있다. 세상에 푹 잠겼다가 하나님의 발아래 나아가 엎드린 이후의 몇 분은 마치 바람이 자고 폭풍우가 그친 후에도 바다가 계속 혼탁하게 요동치며 흔들리는 상태와 같다. 마음을 가라앉힐 시간이 필요하다.……시편 57:7에 나오듯이 '하나님이여, 내 마음이 확정되었고 내 마음이 확정되었사오니'라고 금방 말할 수 있는 그리스도인은 거의 없다. 오, 어떤 의무 때문이든 하나님께 나아갈 때는 마음을 한쪽으로 데려가 말하라. '오, 내 영혼아, 나는 이제 피조물에게 부과된 가장 위대한 일을 시작할 것이다. 하나님의 두려운 임재 안으로 들어가 영원한 순간의 일을 다룰 것이다.'" John Flavel, *A Saint Indeed or, The Great Work of a Christian, Opened and Pressed, from Prov. 4.23*, in *The Works of John Flavel*, 6 vols.(Edinburgh: Banner of Truth, 1997), 5:464. 『마음, 참된 성도의 마음』, 이태복 옮김(서울: 지평서원, 1999).

마음을 여는 것이다. 몇 시간씩 설교하고 며칠씩 글을 썼던 청교
도들은 이 점을 확실히 알고 있었다. 『웨스트민스터 소요리문답』
은 기도가 "하나님의 뜻에 합한 일들을 바라는 열망을 그리스도
의 이름으로, 죄를 고백하면서, 그분의 자비를 감사함으로 시인
하며 하나님께 바치는 것"이라고 진술한다.▣ 『소요리문답』의 작
성자들은 기도가 궁극적으로 하나님이나 우리 자신이나 다른 누
구에게 말하는 것이 아님을 알았다. 그렇다. 우리는 기도로 마음
을 드린다. 하나님이 찾으시는 것이 바로 이것이다.

물론 기도에는 말과 시간과 기도 목록이 필요하며, 『소요리문
답』이 가르치듯 죄의 고백과 감사의 표현도 필요하다. 그러나 이
것은 전부 마음에 달린 문제다.

설교자라고 해서 기도의 초청에 더 들뜨거나 조심해야 할 위
험을 더 실감하는 것은 아니다. 다른 모든 신자들처럼 우리도 기
도를 몰아내는 바쁜 생활을 한다. '급한 일의 횡포'는 설교 준비
에 매인 설교자에게 딱 들어맞는 표현이다. 공개적인 자리에서
설득력 있게 기도하며 설교하니 따로 기도하지 않아도 괜찮다는
유혹도 받는다. 이에 대해 우리가 할 수 있는 말은 바리새인들도
바쁘게 살았고 설득력 있게 말했다는 것이다. 그런데 그들이 어
찌 되었는지 보라. 정직하고 살아 있는 관계, 기도로 표현되고 자
라가는 관계를 하나님과 맺는 것만이 우리를 지옥의 위선에서

▣ 『웨스트민스터 소교리문답』, 제98답.

확신을 가지고 설교하라

지켜 주며 그리스도의 생명으로 채워 준다.

설교자들은 개인기도에 느끼는 죄책감을 서로 간에 전적으로 양해해 주는 것 같다. 정말 솔직하게 자신이 급하거나 얄팍하게 기도한다고, 심지어 기도하지 않는다고 고백해도 양해해 줄 것이다. 이 시대의 행동주의가 우리를 삼켜 버렸다. 기도는 세상과 일에서 비겁하게 물러서는 연약한 행위로 보인다. 그러나 성령은 **기도야말로** 일이라고 가르치신다. 우리는 이것을 더디게 배운다. 그럼에도 금세 발견하는 사실은, 기도에 바쳐야 할 시간과 에너지를 더 많은 설교와 설교 준비로 결코 대체할 수 없다는 것이다.

기도에도 계획이 필요하다. 일하는 패턴, 성경 읽기, 경건한 독서, 기도 목록이나 앱, 수면 습관, 그밖에 기도하는 데 도움이 될 만한 요소들을 검토해 보라. 기도할 시간을 정하고, 그 시간에는 다른 일을 하지 말라(휴대폰도 포함된다). 나는 아침 식사 전에 의미 있는 시간을 갖거나 기도하거나 책을 읽고, 점심 식사 전에 다시 내가 섬기는 이들과 사역을 위해 기도하는 시간을 잠깐 갖는다. 하루 중 어느 때나 기도할 수 있지만, 이렇게 정해 놓은 기도 시간을 놓치면 그 영향을 느끼고 제자로서 내 삶과 일이 더 빈약해지는 것을 느낀다. 당신은 어떤가? 하나님께 마음을 열고 기도하면 무슨 일이 일어날까?

마음을 쓰게 된다. 하나님 나라와 그 백성과 잃은 자들의 필요를 위해 기도하며 거기에 마음을 쓰게 된다. 하나님이 당신의 우선 순위와 긍휼에 손을 대기 시작하신다. 복음으로 섬겨야 할 사람들이 눈에 보이기 시작한다. 그들의 필요를 채우길 사랑하게 된다.

불평이 없어진다. 기도 없는 삶과 사역은 자기 재능의 크기에 한정되게 마련이다. 그리고 은혜 없는 재능은 미미하고 허약한 것임을 곧 알게 된다. 그럴 때 얼마나 불평하고 싶겠는가! 그러나 하나님께 마음을 열고 그분의 능력과 은혜의 위대함을 숙고하면, 자신과 자신의 삶을 있는 그대로 받아들이고 살 수 있다. 더 나아가 만족하며 평안하게 살 수 있다. 그래야만 지속적인 열매를 맺을 수 있다.

하나님이 당신의 걱정에 손을 대신다. 기도하지 않으면 걱정하게 된다. 운명에 맡기거나, 더 나쁘게는 자포자기하게 된다. 기도가 메마를 때 삶이 스트레스로 가득 차는 것은 놀랄 일이 아니다. 기도는 그리스도 중심의 세계관을 회복하는 것으로서, 그럴 때 그분이 사랑으로 주신 규례를 찬미하게 된다. 문제 자체는 사라지지 않지만 하나님이 주신 관점을 되찾는다.

당신이 새로워진다. 당신의 임무를 다할 수 있도록 하나님이 인도하시며 힘을 주신다. 당신이 해서는 안 될 일이나 당신에게 없는 기량이 요구되는 일들에 매달리지 않도록 지혜를 주신다. 그분의 힘으로 일하면 기쁨과 열매와 만족이 찾아온다.

그렇다. 우리 아버지는 보이지 않는 분이시다. 그러나 기도로 얻는 은혜는 눈에 보일 뿐 아니라 영광스럽다.

40. 그분의 영광을 구하라

문. 주일을 맞이할 때 다른 무엇보다 하나님과 그분의 나라를
　　구하려 합니까?
답. 우리의 기도와 설교의 초점은 하나님의 영광과 그분의 나
　　라에 있습니다.

❖

하늘에 계신 우리 아버지여,

이름이 거룩히 여김을 받으시오며

나라가 임하시오며.

마 6:9-10

당신은 입을 열었다. 설교가 시작되었고 회중은 듣고 있다. 일주
일 내내 연구하고 기도했기에 이번 설교를 크게 기대하고 있으
며, 회중 역시 기대하길 바라고 있다. 그 기대가 무엇인가? 당신
이 이루고 싶은 바가 무엇인가?

　잠시만 생각해도 수많은 대답이 떠오른다. 그렇다. 설교로 인
정받고 싶은 마음이 있음을 고백해야 한다. "끝내줬다"라는 말

을(친구가 내 설교에 보내 준 최고의 찬사였다) 듣고 싶다. 삶의 다른 영역은 잘못되더라도 설교만큼은 보람찬 노력이 되고 분투 속에서도 빛나는 지점이 되길 바란다.

은혜로 품게 된 거룩한 열망도 있다. 말씀을 통해 사람들이 그리스도를 만나길 기도하며 갈망한다. 사람들이 믿음에서 자라가길 갈망한다. 우리나 청중이나 마지못해 출석만 하고 시늉만 하는 것은 생각만 해도 끔찍한 일이다. 설교할 때 대개는 이렇게 상충하는 열망들이 마음속에서 뒤섞이게 마련이다.

만물보다 거짓되고
심히 부패한 것은 마음이라.
누가 능히 이를 알리요마는(렘 17:9).

우리는 남들의 마음은 고사하고 자신의 마음을 알기 위해 분투한다. 우리가 얻을 수 있는 크고 놀라운 도움이 있는데, 그것은 주기도문의 형태로 찾아온다. 기도에 관한 예수의 교훈은 그 당시 훈련받던 설교자(제자)들뿐 아니라 온 교회를 위한 것이다(눅 11:1). 우리에게 주신 이 기도는 그리스도의 눈으로 하나님과 그분의 나라와 그 안에서 우리가 차지하는 위치를 보게 해준다. 어떻게 경배하고 의지하며 열심히 섬겨야 하는지 가르쳐 준다. 설교자에게는 이 기도가 필요하다. 설교자는 이 기도를 사랑하길 배워야 한다.

16세기 스코틀랜드의 설교자 로버트 브루스Robert Bruce와 관련하여 전해지는 이야기가 있다. 한번은 설교 시간이 다 되도록 그의 행방이 묘연했다. 결국 교회 종탑에 있는 것을 알아내고 하인을 보냈는데, 그는 브루스가 누군가와 함께 있더라고 보고했다. 그 누군가에게 "저와 함께 가지 않으시면 저도 가지 않겠습니다"라고 탄원하더라는 것이었다. 교회 장로들은 그 자리에 계신 분이 브루스의 주님이시라는 것, 그가 성령의 능력 없이는 설교단에 설 수 없었다는 것을 알았다.

설교는 아버지를 위한 일이다. 아버지의 기쁨이 아들을 통해 당신 위에 머물고 있다. 그리스도의 성령이 기도하는 당신을 아버지께로 인도해 주신다(롬 8:15). 전에 하나님은 죄 지은 당신을 언제라도 정죄하실 심판자로 서 계셨다. 그런데 하나님의 아들이 죽으시고 다시 살아나심으로써 당신을 아버지의 사랑 안으로 인도하셨다(요 20:17). 이제 하나님은 당신의 기도를 즐거이 들으시며, 당신이 아버지의 사랑을 확신하고 기도할 수 있도록 성령을 보내 주시는 사랑의 모습으로 서 계신다. 아니, 그저 서 계신 것이 아니라 궁핍한 신세로 돌아오는 우리를 안아 주고자 두 팔을 벌리고 달려나와 맞아 주신다(눅 15:20). 이것이 복음의 사랑이다. 복음 설교자는 그 사랑을 알고 기도로 응답해야 한다. 자신이 설교하는 복음의 사랑을 의지해야 한다. 설교단은 아주 외로운 장소일 수 있다. 그러나 우리를 안심시키는 복음의 진리가 있

확신을 가지고 설교하라

기에 결코 외롭지 않다.

설교는 아버지를 높이는 일이다. 세상은 하나님의 이름을 짓밟지만, 교회는 힘써 그 이름을 높인다("거룩히" 여긴다). 하나님의 이름에는 하나님의 모든 것이 담겨 있다. '여호와'I AM는 높으신 주 ±시요 모든 생명의 수여자시다. 지금은 삼위일체 하나님―성부, 성자, 성령―이라는 기독교적인 이름으로 자신을 계시해 주신다. 우리는 하나님을 바라보며 무한한 진리와 능력과 아름다움과 사랑을 본다. 우리의 설교를 통해 하나님의 이름이 거룩히 여김을 받으시도록 기도한다는 것은, 하나님이 아들 안에서 계시하신 모습을 전부 선포함으로써 그분을 높인다는 뜻이다. "여호와여, 영광을 우리에게 돌리지 마옵소서.……주의 이름에만 영광을 돌리소서"(시 115:1).

설교하다 보면 "여호와여, 영광을 받으소서. 그리고 제게도 약간의 영광을 주옵소서"라고 구하는 원래 본성으로 돌아가기 쉽다. 그런 교만의 영, 사람의 칭송을 움켜잡고 부여잡으려는 위태로운 갈망을 뿌리 뽑아야 한다. 우리는 이 기도로 그 갈망을 뽑아낸다. 감정 깊은 곳에서부터 그리스도 안에 있는 아버지의 영광을 기뻐하게 해달라고, 그리하여 하나님이 홀로 받으실 영광을 빼앗는다는 생각만 해도 혐오감이 들게 해달라고 구하라. 설교가 잘되든 안되든 하나님의 이름이 높임을 받으시는 것, 사람들이 그리스도 안에서 하나님의 모습을 보고 그 경이로우심을 보게 되는 것을 당신의 기도 제목으로 삼으라.

설교는 아버지의 나라를 위한 일이다. 우리가 기도하고 설교하는 것은 하나님이 아들 안에서 선포하신 영광을 사람들에게 보여 주기 위해서다. 그들이 그리스도를—그 안에 있는 하나님의 나라를—영접하도록 돕기 위해서도 같은 수고를 기울여야 한다. 단순히 하나님의 진리를 이해하게 해달라고만 구하고—진리가 아무리 아름답고 중요하더라도—그들이 예수를 만나 새로운 관계를 맺게 해달라고 구하지 않는다면, 그 기도는 부족한 것이다. 설교도 마찬가지다.

"하나님의 나라는 장소라기보다 관계다"라고 패커는 말한다. 그리고 이렇게 덧붙인다. "사람들이 예수를 자기 삶의 주±로 모시는 모든 곳에 그분의 나라가 있다."◈ 이 말이 우리의 확신에 침투하고, 우리의 기도에 영향을 끼쳐야 한다. 당신이 기도하고 일하는 목적은 큰 교회로 성장하려는 데 있는 것이 아니라, 한 교회를 섬김으로써 점점 더 많은 사람들이 자기 삶을 예수 그리스도께 양도하게 하려는 데 있다. 천 명의 염소가 있는 교회든(심지어 만 명의 염소 같은 양들이 있는 교회든) 열 명의 양이 있는 교회든, 그 나라가 나타나야 한다.

굳이 말하자면, 당신은 자기 나라를 위해 설교하는 것이 아니

◈ J. I. Packer, *Praying the Lord's Prayer* (Wheaton, IL: Crossway, 2007), p.50.

확신을 가지고 설교하라

다. 설교는 당신의 사역과 평판과 영향력과 성공—다시 말해서 당신의 나라—을 위한 일이 아니다. 인근 교회는 '큰 설교자'를 높이길 좋아할 수도 있다. 마음대로 하게 두라. 하나님이 사람들을 불러 아들에게로 인도하시고 그분의 나라를 세우시기만 한다면, 당신 자신은 아무 영향력 없는 무명의 설교자로 살아도 족하다고 기도하라. 오직 그분의 나라만 영속한다.

41. 신뢰의 문제

문. 주일에 귀가한 후 하나님의 뜻이 이루어지길 기도합니까?

답. 우리는 자신과 청중이 신뢰하는 가운데 만족하도록 기도
해야 합니다.

❖

뜻이 하늘에서 이루어진 것과 같이

땅에서도 이루어지이다.

오늘 우리에게 일용할 양식을 주시옵고.

마 6:10-11

당신이 설교 후에 먹는 음식은 무엇인가? 주일용 구이 요리인
가? 주일 저녁용 달걀 토스트인가? 또 무엇을 먹는가? 자기 자신
이나 청중에게 느끼는 좌절감, 자신의 삶 전반에 느끼는 좌절감
을 곱씹는 것은 아닌가? 설교와 설교 후에 나눈 대화를 무한 재
생하고 뜯어보면서 몇 조각이라도 격려가 될 말을 찾아보는 것
은 아닌가? 설교하고 나서 무슨 말을 하는가? 마음이 냉담해지
고 짜증이 나며 무엇보다 혼자 있길 바라게 되는가, 아니면 끝도

확신을 가지고 설교하라

없이 떠들게 되는가? 설교한 후 어떻게 생각하고 행동하는지 보면 설교에 대해 무엇을 믿는지 전부 알 수 있다.

실제로 설교를 마치고 귀가한 후 무엇을 해야 할지 모르는 설교자들이 많다. 우리는 자신을 바쳤고 공격에 노출되었다. 마귀의 분노에 맞서 영적인 전투를 치렀다. 몇 시간의 노고는 노력이 무색하게 끝났고, 수고의 결과물에 청중은 침묵했다. 자신이 끼친 유익이 과연 있는지 돌아보게 된다. 이 일에 지치고, 이 일의 중요성에(또한 명백히 미련한 이 일의 방식에) 또 다시 압도당한다.

설교가 얼마나 진 빠지는 일인지 아무도 알지 못하며 사실 알 필요도 없다. 그것은 당신의 짐이다. 교인들은 교인들대로 짐이 있고, 실제로 알고 나면 그런 짐을 면한 것이 외려 감사할지도 모른다. 그럼에도 설교는 감정적으로나 정신적으로나 육체적으로 녹초가 되는 일이다. "뜻이……이루어지이다"라고 기도하려면 무엇보다 하나님을 섬기기 위해 기꺼이 소모되려는 의지가 필요하다.

당신은 때로는 들뜨고 때로는 풀죽은 채, 어쨌든 확실히 지쳐서 귀가한다. 그 상태로 음식을 먹고, 소소한 이야기를 나누고, 생각을 한다. 그리고 또 무엇을 하는가? 기도한다. 자신의 마음을 위해, 설교를 들은 모든 사람의 마음을 위해 기도한다.

양떼의 주인은 우리가 아닌 선한 목자시다. 우리 피로 그들을 산 것이 아니다. 그러나 사랑으로 그들을 섬기도록 부름받았다. 모든 설교자는 양떼의 종이다(물론 목사는 작은 목자이기도 하다). 귀가하면서 양떼를 생각하고 불쌍히 여겨야 한다. 그들이 받은 말씀을 마음에 간직하길 갈망해야 한다. 마귀가 그 말씀을 채가려고 공작한다는 사실 또한 인식해야 한다. 그렇다. 우리는 설교의 책임을 벗었다. 그러나 정말 벗은 걸까? 선한 목자의 사랑으로 충만한 설교자는 자신이 전한 말씀이 교인들 안에 머물도록 성령으로 지켜 주시고 그들에게 큰 유익이 되도록 조용히 일해 주시길 그리스도께 기도하려 할 것이 분명하다. 그렇게 그분의 뜻은 이루어진다.

설교 후에 기도하는 것은 천성적으로 할 수 있는 일이 아니다. 설교하기 전의 상황은 대개 다르다. 우리는 기도하고 설교해야 한다는 것을 안다. 일주일 내내, 설교하는 날 아침에는 특히 더 설교를 들을 모든 사람을 위해 기도하는 시간을 가지려 한다. 물론 하나님의 말씀 나누는 시간을 마무리할 때도 설교단에서 기도한다. 그렇게 모든 일을 마친 후에 너무 안도하거나 너무 탈진한 나머지(또는 낙심한 나머지) 귀가한 후나 그날 늦게 주님 앞에 머물지 못하는 경우가 없게 하자. 청중에게 가르치려 했던 교훈을 생각하며 기도하기로 다짐하자. 사람들에게는 기도가 필요하다.

우리에게도 기도가 필요하다. 엄청난 설교를 했든 형편없는 설교를 했든, 우리는 설교 후에 더 세차게 밀려드는 감정과 생각에 휘둘리는 약한 사람들이다. 교만해지거나 절망하거나 침울해지거나 짜증을 내려는 유혹의 공격을 받는다. 설교를 들은 사람들 중에 우리가 가장 설교를 의심하면서 귀가하기 쉽다.

설교자의 이 기도를 한번 드려 보라. "주여, 제게 양식을 주옵소서. 믿음의 양식을 주옵소서. 주여, 주의 성령으로 저를 채우사 의심과 싸우게 하시고, 주의 일을 위해 설교라는 미련한 방식을 택하신 것을 믿게 하옵소서. 주여, 제 마음이 주님 없이 세상으로 가득 찰 때, 일용할 양식을 주사 저를 채워 주옵소서."

예수는 생명의 떡이시다(요 6:35). 오직 예수만 마음을 채워 주실 수 있다. 일용할 양식을 위한 기도는 매일 당신의 몸에 필요한 것을 구하는 기도다. 또한 당신의 영혼에 필요한 것, 즉 그리스도의 은혜를 구하는 기도이기도 하다. 그분의 임재야말로 폭주하는 생각을 잠잠케 하고, 절망한 설교자에게 소망을 주며, 초조하게 방황하는 열망을 그분께로 되돌릴 수 있다. 당신은 주님이 회중에게 일용할 양식 주실 것을 믿지 않는가? 당신에게도 주실 것을 믿으라. 그리고 설교자를 포함하여 기도하는 자녀들에게 하나님이 주시는 선물을 받으라. 이 기도를 드리는 자는 만족하게 된다.

42. 고백의 시간

문. 우리가 설교하면서 지을 수 있는 최악의 죄는 무엇입니까?

답. 우리는 하나님의 참모습을 선포하지 못하는 가장 큰 죄인이 될 수 있습니다. 그러므로 기도해야 합니다.

❖

우리가 우리에게 죄 지은 자를 사하여 준 것같이

우리 죄를 사하여 주시옵고.

마 6:12

설교자가 자기 설교에 안타까움을 느끼는 데는 그럴 만한 이유가 있다. 그렇다. 부족한 기량과 재능 때문에 많은 이들이 괴로워하며, 주일 밤에도 실패의 기억을 떨치지 못한 채 뒤척인다. 그러나 더 깊은 차원의 실패가 있다.

우리는 지식을 과시했다. 사람들이 우리 학식에 감명받길 바랐다. 청중의 귀를 사로잡고자 분투하는 날에는 지식이 곧 힘이 된다는 사실을 우리 모두 알고 있다.

우리는 화를 내고 짜증을 내며 말했다. 말이나 어조에 묻어난

확신을 가지고 설교하라

것은 아니지만 그랬다. 아무도 눈치채지 못했지만 그랬다. 어떤 사람이나 상황을 향한 마음속 부당한 분노를 용인했고, 설교하며 내심으로 그 분노를 좀 더 맹렬히 불태웠다.

우리는 실제보다 더 나은 제자인 척했다. 며칠 전 청중을 위해 기도했다고—그것도 오랜 시간 기도했다고—거듭 밝히길 잊지 않았다. 위기상황을 처리하고자 얼마나 밤늦게 집을 나섰는지, 어려운 교인을 위해 어떻게 휴가를 포기하고 돌아왔는지 슬쩍 이야기했다. 그러나 자제력이 부족하다거나 불평하는 습관을 이기지 못했다는 말은 하지 않았다. 그런 것들은 덮어 버렸다.

우리는 남들을 실제보다 더 못한 제자로 깎아내렸다. '다른 교회'를 교묘하게 거듭 검열했다. 고투하는 제자를—누구인지 알아채지 못하도록 세심하게 조처했지만, 어쨌든 우리가 아는 사람을—설교의 실례로 손쉽게 사용했다. 시련을 견디고 있는 그의 인내를 높이 사지 않았고, 그를 위해 기도하지 않았다. 그의 문제를 자신의 목적에 끌어다 썼다.

다른 죄도 많이 지었다. 사람들의 마음을 상하게 했고 해를 끼쳤으며 장황하게 설교했다. 회중을 지루하게 만들었다. 혼란과 낙담에 빠뜨렸다. 공식 석상에서 다시 성경을 펼치기가 두려울 만큼 설교단에서 많은 죄를 지었다.

그러나 최악의 죄는 하나님의 참모습을 선포하지 못한 것이다. 그에 비하면 앞서 열거한 죄들은 전부 하찮은 것이다. 하나님의 말씀을 다루면서도 하나님을 가장 좋아하는 첫 번째 생각이나 열망의 대상으로 삼지 않았다. 자신도 모르게 다른 목표를 좇을 때가 많았다. 이처럼 하나님이 부재하면 아무리 노력해도 그리스도 안에 있는 진리—우리가 선포하도록 부름받은 진리—를 선포하지 못한다.

좌절한 설교자들, 특별히 목사들 중에 계시록 3장을 즐거이 참조하는 이들이 많다. 당신은 지금 섬기는 교회에 실망했다. 그들은 당신이 바라는 만큼 경청하지 않고, 당신이 바라고 애쓰는 만큼 영향을 받지 않는다. 당신은 전부 그들 탓이라는 결론을 내리고, 성급히 대책을 찾아 나선다. 그들이야말로 라오디게아 교인들이 아닌가?

라오디게아 교인들은 도시에 흐르던 미지근하고 해로운 샘물처럼 심각하게 미온적인 신자들이었다. 복음이 굳이 필요치 않다고 여길 만큼 자만에 빠져 있었다. 그리스도는 그들이 거만하게 자신을 밀어내고 천국 시민의 자격을 잃을 지경에 이른 것을 보셨다. 그들은 진실하게 회개함으로써 구주께 다시 문을 열어야 했다. 당신은 자기 설교를 바라보며 그 설교가 자주 청중에게 침투하지 못하는 것은 분명 그들이 라오디게아 교인들의 상태에 있기 때문이라는 결론을 내린다. 가끔은 그 결론이 맞을 수도 있다. 그러나 주께로 돌이켜야 할 곳이 회중석이 아닌 설교단이라면 어찌 하겠는가? 우리가 짓는 죄들이 실제로 미온적인 자들은 설교자임을 보여주고 있다면 어찌 하겠는가?

편하게 들리든 아니든 간에, 우리는 청중에게 하나님을 선포

확신을 가지고 설교하라

하는 그분의 대변인이다. "그러므로 우리가 그리스도를 대신하여 사신이 되어 하나님이 우리를 통하여 너희를 권면하시는 것 같이 그리스도를 대신하여 간청하노니 너희는 하나님과 화목하라"(고후 5:20). 청중이 우리 설교를 통해 보고 듣는 하나님은 어떤 하나님인가?

우리는 자신이 신중하게 생각하고 준비한 말, 성경본문이 윤이 날 만큼 애써 연구한 말을 청중이 들어주길 바란다. 하나님의 말씀을 설명하는 우리의 말을 그들은 **마땅히** 들어야 한다. 그러나 사람은 말하는 내용보다 훨씬 더 많은 것을 듣게 되어 있다. 그리스도인들은 설교자의 마음을 듣는다(의도적으로 귀를 곤두세우기도 한다). 설교자를 진정 추동하는 것이 무엇인지 듣고 알아차린다. 세월이 흐르면서 설교자의 약점과 그가 진정 애호하는 것이 무엇인지도 알게 된다. 설교단에 섰을 때와 그렇지 않을 때의 행동을 보면서 그의 실제 모습을 알게 된다. 설교자가 또 한 사람의 분투하는 신자이자 주인을 따르는 불완전한 제자라는 것은 모두가 아는 사실이다. 동시에 주님의 사신이라는 것 또한 안다. 신자의 갈망은 "선생이여, 우리가 예수를 뵙고자 하나이다"라는 것이다(요 12:21). 설교자의 죄를 못 본 척하느라 애쓰면서도 그를 통해 예수를 볼 수 있는 그리스도인은 없다. 그들은 설교자 안에서, 설교자를 통해 예수를 보기도 하고 보지 못하기도 한다.

이 말은 우리 마음을 깨끗게 하기 위해 많은 공을 들여야 한다는 뜻이다. 자신의 죄와 싸워 멸하지 않는 것은 청중을 저버리는 짓이다. 자신에게 달라붙은 죄를 무시한 채 우리가 섬기는 왕의 이름으로 그 백성 앞에 나서는 것은 그분의 이름을 더럽히는 짓이다.

맨 처음 할 일은 무릎을 꿇고 기도하는 것이다. 먼저 고백하라. 하나님과 대화를 시작하는 좋은 출발점은 "제가 죄를 지었습니다"라고 아뢰는 것이다. 고백은 영혼에만 유익한 것이 아니다. 말 그대로 생명을 가져온다. 고백 자체가 죄에서 구원해 주는 것은 아니지만—그 일은 예수만 하신다—고백이 없으면 구원도 없다. "회개하라"라는 것은 죄책감에 빠지라거나 하나님과 고통스러운 게임을 하라는 명령이 아니다. 죄책을 처리하라는 명령, 아니 하나님이 죄책을 처리하시도록 맡기라는 명령이다. 죄책은 우리를 종으로 삼고, 기쁨을 앗아 가며, 결국 지옥에 떨어뜨리는 현실적이고도 실제적인 문제다. 죄책을 부인하거나 정당화하면 서서히, 그러나 확실히 죽게 된다. 예수께 나아가 처리받고 속죄받고 씻음받으라. 능력은 그분의 것이지만, 나아가는 것은 당신의 몫이요 책임이다. 회개는 복음의 은혜를 믿는다는 확실한 표지다.◈

◈ 싱클레어 퍼거슨이 이에 대해 유익한 말을 했다. "믿음은 항상 참회하게 하고, 진정한 회개는 항상 믿게 한다." (Ferguson, *The Whole Christ: Legalism, Antinomianism, and Gospel Assurance—Why the Marrow Controversy Still Matters* [Wheaton, IL: Crossway, 2016], 104n. 『온전한 그리스도』, 정성묵 옮김 [서울: 디모데, 2018]).

마음으로 투덜거리지 않도록 조심하라. 한숨과 불평은 영적 상태의 실상을 전부 드러낸다. 오늘 바로 시간을 내라. 최근에 어떤 불평을 했는지 적어 보라. 그리고 왜 당신에게 불평할 권한이 없는지―전혀 없는지―적어 보라. 당신은 그리스도 안에서 하나님의 자녀가 되었다. 그분이 큰 값을 치르고 당신을 사셨다. 당신은 그분의 것이다. 마음도, 정신도, 몸도 그분의 것이다. 불평하는 마음은 냉랭한 마음으로서, 복음의 은혜로 다시 불붙일 필요가 있다.

회개하는 설교자는 살아나고 성장한다. 한번 해보라. 회개로 씻음받고 새로운 은혜를 누릴 때 참된 복음 사역을 할 것이요 진정한 사역의 표지가 나타날 것이다.

마음으로 이 사실을 아는 설교자는 자신이 그리스도의 것임을 알고 경외함으로 산다. 우리는 하나님께 드릴 것이 없고, 은총의 값을 치를 수 없으며, 그리스도의 희생에 부응할 수 없다. 그분께 어떤 것도 빌려드릴 수 없으며, 그분의 사랑을 받을 만한 어떤 행동도 할 수 없다. 그분은 주님이시다. 거룩하고 위엄 있고 두려운 분이시다. 우리는 다만 그 앞에 나아가 경배할 뿐이다. 그것밖에 할 수 없다. 그리고 자리에서 일어나 나가 그분이 보여주신 뜻을 성령의 능력으로 받들어 행함으로써 아들께 찬송을 돌린다. "정의를 행하며 인자를 사랑하며 겸손하게" 하나님과 동행한다(미 6:8).

43. 모든 것을 왕을 위해

문. 하나님께 기쁘게 복종하겠다고 기도하겠습니까?

답. 우리의 만족은 결코 설교에 있지 않습니다. 그것은 설교의
원래 목적이 아닙니다. 우리의 마음을 하나님께 드립시다.

❖

여호와여, 위대하심과 권능과 영광과 승리와 위엄이 다 주께 속하였사오니
천지에 있는 것이 다 주의 것이로소이다. 여호와여, 주권도 주께 속하였사
오니 주는 높으사 만물의 머리이심이니이다.

대상 29:11

우리는 하나님의 나라와 권세와 영광을 시인하며 그분을 높이
는 말로 주기도문을 마무리한다. 우리는 그렇게 하지만, 사실상
성경 사본들 중에 가장 보존이 잘된 그리스어 사본에는 이 익숙
한 마지막 말이 없다. 물론 이 말 없이 기도해도 해로울 것은 없
다. 이것은 하나님이 진정한 왕으로서 능력과 영광 가운데 보좌
에 앉아 계신다는 시편 103:19나 역대상 29:11과 본질적으로 같
은 선언이다. 그분은 모든 기도와 설교의 대상이 되시는 위대한

실체시다. 예수 안에 계신 크신 하나님께 우리 마음을 다해 복종한다는 사실을 하늘에 선언하는 법을 배워야 한다. 또한 우리 마음에도 똑같이 선언하는 법을 배워야 한다. 마음으로 기쁘게 왕께 절할 때, 오직 그때만 우리의 설교는 온전해지며 영향력을 갖게 된다.

하나님은 아름다운 분이시다. 성경 모든 장이 거룩하고 의로우신 하나님에 대해 이야기한다. 복음의 약속이 기록된 모든 장이 복음의 제안을 통해 자신을 전부 우리에게 주신 이 거룩하고 의로우신 하나님을 믿으라고 촉구한다. "나는 그들의 하나님이 되고 그들은 내 백성이 되리라"라는 것은 만남과 사랑과 경험의 언어다(겔 37:27). 하나님은 거룩한 사랑으로 우리를 사랑하신다. 우리가 그 사랑을 알고, 동일한 사랑으로 응답하길 원하신다.

때로 설교자는 이 점을 놓치곤 한다. 설교라는 사명의 중심에서 타오르는 이 사랑을 붙들지 못한다. 그러면 마음속에서 비극이 일어나기 시작한다. 하나님을 단순한 주인으로만 모시는 것은 비극이다. 우리는 하나님을 상사로 모시고 그분의 일에 부지런히 종사한다(그리고 종종 탈진한다). 그분이 또한 우리의 연인이자 친구요 격려자요 위로자시라는 진리, 우리를 자유롭게 하는 진리를 망각한다. 이 주인은 자신을 알라고, 복음의 일만 할 것이 아니라 나머지 복에도 참여하라고, 복음이 열어 준 교제에 참여하라고 부르신다. 남들에게 선포하는 진리를 정작 자신이 먹지 못해 뼈와 가죽만 앙상하게 남는 것보다 더 큰 인생의 비극이 있겠는가?

일 자체만 사랑하면 그 일에 눌려 찌그러진다. 당연히 그렇게 된다. 분투하는 교회와 상한 세상의 필요는 너무나도 막대한 것이다. 실제로 복음의 사랑 안에 나타난 하나님의 모습을 잊으면, 녹초가 되도록 과로해야 그분이 조금 만족하신다고(조금 영광을 받으신다고) 생각하게 된다. 그러나 노심초사하는 토요일과 압도당하는 주일과 맥빠진 월요일은, 복음을 믿는 열성으로 수고한 징후라기보다 하나님의 순전한 선하심을 신뢰하고 기뻐하는 마음이 거의 없이 근심하면서 종처럼 일했다는 표시에 가깝다.

우리의 생각은 틀렸다. 위험할 만큼 틀렸다. 하나님은 그런 분이 아니시다. 사역은 그런 것이 아니다. 설교는 우리가 아는 하나님에 대해 선포하는 일이다. 망가진 죄인이 똑같이 분투하는 다른 죄인에게 "나는 이런 은혜를 발견했는데 당신도 나와 함께 이 은혜를 알길 바란다"라고 말하는 것이다. 이 은혜가 설교자와 그의 설교를 사로잡을 때, 겸손하며 찬양이 넘치는 기쁨의 삶을 살게 된다.

교인들에게 가장 필요한 것은 우리의 만족이다. 설교자가 자신의 하나님과 구주께 만족한다는 것을 청중은 알 필요가 있다. 설교자의 삶 자체가 그리스도 안에서 얻은 은혜에 대한 경이감으로 가득 차야 질문을 던지기 시작하고 자신들도 그 은혜를 받길 원하게 된다. 우리는 하나님에 대해 많은 말을 할 수 있다. 그런데 정작 우리의 마음이 냉랭하다면, 정말 그 말들을 믿고 한 것인지 어떻게 알겠는가? 교회는 자신의 선생들이 찬양하고 감사하는 사람들임을 알 필요가 있다. 우리 자신이 하나님의 은혜에 만족해야 교회뿐 아니라 세상에도 복음의 능력이 선포되며, 하나님을 향한 우리 마음의 온전함이 입증된다. 하나님은 신령과 진정으로 예배하는 자를 찾으신다. 당신은 그런 예배자인가?

'만족'이라는 말에 주의하라. 7월 4일 떠들썩한 미국 독립 기념행사에 끼어든 긴장한 영국인처럼, 거의 아무 체험도 하지 않고 혼자 조용히 구석에 박혀 있는 모습을 가리키는 말로 들릴 수 있다. 만족한 사람은 흔히 조용하지만, 놀랄 만큼 큰 찬양의 소리를 터뜨리기도 한다. 그 사람이 만족하는지 아닌지는 보아서도 알 수 있고 들어서도 알 수 있다. 설교단에 선 자들이 그리스도를 즐거워하고 그 안에서 만족하는지 아닌지도 같은 방식으로 알 수 있다. 참된 만족은 눈에 보이듯 선명하게 나타나게 마련이다.

언젠가 우리는 영광 가운데 계신 하나님 앞에서 입을 열어 말할 것이다. 그때 따지고 불평하며 분노하고 질문하겠는가? 당연히 아니다. 하나님이야말로 주님이시라고 고백하고 경배하며 절할 것이다. 우리 눈으로 직접 그분을 뵐 것이다. 그분 앞에서 그분의 음성을 듣고 만족하며 즐거워할 것이다.

천국은 모든 영구한 행복이 있는 집이다. 그러므로 우리는 담대히 하나님 안에서 만족을 추구한다. 흔들리지 않는 기쁨과 평안의 처소가 예수 안에 있음을 믿는다. 삶과 사역이 신날 때만큼이나 괴로울 때도 진실로 그분을 우리의 보배로 삼는다. 우

리는 그렇게 할 수 있고, 그렇게 해야 한다. 그분께 영원히 영광
을 돌리자.

성경 찾아보기